脱税の世界史

大村大次郎

宝島
SUGOI
文庫

宝島社

はじめに　～国家とは税金である～

本書は、2019年に出版された単行本『脱税の世界史』を文庫化したものです。単行本の『脱税の世界史』はオリエンタルラジオの中田敦彦氏のYouTubeで取り上げられるなど、かなりの反響をいただきました。

そして今回、もっと多くの人に読んでいただけるように文庫化されることになったのです。

本書は、「脱税」を通じて世界史をたどってみるというテーマを持っています。

一言に「脱税」といっても、なるべく税金を低くしたいがために細工をするというのが、脱税の一般的なイメージでしょう。

確かに、古今東西でこのパターンが一番多いです。

が、それだけではなく、圧政、重税に対する抵抗手段として、民衆が協力して、課税逃れに走るという場合もあります。また、富裕層や貴族などが特権を活用し、合法的に税を逃れるということもあります。

国家というものは税金でつくられています。

税金が徴収されて初めて国家は成り立つのです。

歴史上、「税金のない国」というのは、存在したためしがありません。

古今東西の国家は、必ずなんらかの形で税金を取っているのです。

現代のサウジアラビアなどは、国家財政のほとんどを石油からの収入で賄《まかな》っているので税金がないともいわれています。が、実際には少額ではありますが、税金は課せられていますし、まず何より石油の収入を国が独占しているということ自体、間接的に国民から税を徴収していることになります。

また、初期の古代ローマは自国民から「直接の税金」はほとんど取っていませんでした。しかし関税を徴収したり、占領地から税を徴収していました。

歴史上、国家の体《てい》をなす存在において、税金が課されなかったことは一度もないといえるのです。

一国の政府（政権）の存在というのは、煎《せん》じ詰《つ》めれば、「いかに税金を徴収し、いかに使うか」というものになると思われます。

役人を雇って国家システムを整えるにも、インフラを整備するにも、戦争をするにも、税金が必要になります。だから、税金がないと国家というものは成り立ちません。

王制国家であろうと、民主国家であろうと、共産主義国家であろうと、宗教国家であろうと、それは同じです。

そして、「税金というもの」の裏には必ず「脱税というもの」が存在します。

おそらく税金がつくられるとほぼ同時に脱税も登場したものと思われます。

世界中の太古の文献に、脱税に関する記述が出てきます。

たとえば、中国を最初に統一した秦の時代の古文書に、脱税に関する罰則が記されているものがありました。また古代ギリシャの詩の中には、脱税者をうたったものもあります（いずれも詳しくは本文で）。

国の隆盛には、必ずといっていいほど税金が絡んでいます。

世界史に登場する強国、大国というのは、どこも優れた税制を持っていました。

古代ギリシャは、現在、世界中で使用されている税制度の基本的な仕組みを、すでに整えていました。また古代エジプトは、優秀な官僚制度をつくることで、効率的な税徴収を行っていました。

大英帝国が世界で初めて産業革命を起こし七つの海を制したのは、世界に先駆けて、統計学を駆使した合理的な税制度をつくったからなのです。

「民《たみ》が疲弊しないように効率的に税を徴収し、それをまた効率的に国家建設に活かす」というのは、国が隆盛するための絶対条件だといえます。

そして、国が衰退するときというのは、その条件をクリアできなくなったときだといえます。

たとえば古代ローマ帝国の末期には、徴税請負人の不正が猖獗《しょうけつ》を極め、帝国内のあちこちで叛乱が起きました。それが古代ローマ帝国の崩壊につながるのです。

また革命前のフランスでは、貴族や教会は特権を駆使して税金を逃れ、そのしわ寄せが全部、国民にいっていました。その国民の不満が爆発したのが、フランス革命なのです。


脱税がはびこったり、税システムがうまく機能しなくなるとき、社会には大きな変動が起きます。

武装蜂起、革命、国家分裂、国家崩壊などには、必ずといっていいほど、「脱税」と「税システムの機能不全」が絡んでいるのです。

歴史というものは、政治的な事件や戦争ばかりを中心に語られることが多いものです。

しかし、歴史の動きには、必ず「経済」が大きく影響しています。政治的な事件や戦争などは、経済問題の表層部分にすぎないとさえいえるのです。そして、経済に関しては税金が大きく絡んでいるのです。

「税金」や「脱税」を軸に歴史を眺めてみると、これまでとは違った立体的なイメージが浮かび上がってきます。不可解に思えていた出来事の辻褄《つじつま》が合ってきたりするのです。

本書を読み終えたとき、おそらくあなたは暗号を解いたような気分になるはずです。

著者

はじめに　～国家とは税金である～

第1章　古代ギリシャと古代エジプトの脱税事情

第2章　秦の始皇帝を悩ませた高度な脱税

第3章 脱税で崩壊したローマ帝国

第4章　イスラム帝国とモンゴル帝国の税金戦略

第5章　ヨーロッパ国王たちによる教会税の脱税

第6章　大航海時代は関税を逃れるために始まった

第7章　ヨーロッパ市民革命は脱税から始まった

第12章　タックスヘイブンとパナマ文書

第13章　プーチン大統領は脱税摘発で国民の支持を得た

第14章　「中国版タックスヘイブン」の甘い罠

第15章　GAFAの逃税スキーム

第1章　古代ギリシャと古代エジプトの脱税事情

古代ギリシャのユニークな脱税密告制度

脱税を軸に世界史を眺めてみるという本書にあたって、まず最初に取り上げるのは古代ギリシャです。

紀元前8世紀ごろに成立したとされる都市国家ギリシャは、ヨーロッパ文化の原型でもあります。もちろん税金の面でも、古代ギリシャは後世に大きな影響を与えています。ヨーロッパの税体系の基本的な仕組みは、古代ギリシャ時代につくられているのです。

歴史に名を刻むような大国、強国というのは、いずれも優れた税制度を持っています。

古代ギリシャももちろんそうでした。

古代ギリシャの税金の特徴は、「直接税」が少なかったということです。

古代ギリシャは商業で繁栄した都市国家です。商業的な都市国家というものは、古今東西、住民は「自治」の気質を持っていることが多いものです。商人はみな独立して事業を行っているので、一致団結して何かをするということが、あまりありません。

「それぞれが、それぞれの領分を守り、お互いを尊重する。何かあったときにだけ、必要な協力をする」

発展した都市国家というのは、そういう仕組みを持っていることが多いのです。イタリアのジェノヴァやオランダもそうでしたし、中世日本の堺の商人たちにも、そういう気質がありました。

こういう都市国家では、市民から税金は極力取らないという形態が多いのです。古代ギリシャもその典型といえるでしょう。古代ギリシャでは、自由市民（奴隷ではない市民）への直接的な課税はほとんどなかったとみられています。

ただし、富裕層への課税はありました。ただ、これも法的に強制徴収するものではなく、富裕層が自発的に拠出する寄付金のようなものでした。

戦費や公共物の費用などが必要になった際には、富裕層による「公共奉仕」（つまり自発的納税）で賄われたのです。が、この公共奉仕には、社会からの無言の圧力があり、強制に近いものだったようです。

この公共奉仕に関しては、「アンチドシス」というユニークな制度がありました。アンチドシスというのは、財産を持っている者に対して、公共奉仕（つまり寄付）を命じられるという制度です。この制度のどこがユニークかというと、このアンチドシスを命じられるのは、それなりの資産家だということがまず一つです。

そして、もしアンチドシスを命じられても、自分よりも資産を持っている人がいて、その人はアンチドシスを命じられていない場合は、その人を指名することができるのです。

そしてどちらが多くの資産を持っているかを判定し、資産を多く持っている方が公共奉仕をすることになるというのです。いつの世にも、ずる賢い奴はいて、本当は資産を持っていてもうまい具合に税を逃れる者がいるのです。そういうずるい奴を、資産家同士が告発し合うことであぶり出すことができたというわけです。

しかも、その方法が、ギリシャ人らしいというか、非常に理屈っぽいけれども、理にかなったものなのです。

アンチドシスの仕組みを簡単にご説明しましょう。

まずAさんがアンチドシスを命じられたとします。すると、Aさんは「Bの方が俺より財産を持っているはず」と思い、Bさんを指名します。

指名されたBさんは、アンチドシスに応じるか、Aさんと全財産の交換をしなければなりません。つまり、結果的にどっちか財産を多く持っている方がアンチドシスを払う羽目になるということです。

このアンチドシスという制度は、富裕層に税を課すとともに、税を課すべき富裕層の資産隠しを密告する制度でもあったわけです。

また、このアンチドシスで注目するべきは、「財産を持っている人に命じられる」という点です。国家が隆盛するときというのは、だいたいにおいて富裕層がちゃんと税金を払っているときなのです。が、体制が長く続くと、必ずといっていいほど富裕層が、いろんな手を使って税を逃れるようになります。そうなると、国は貧しい者から多くの税を徴収するようになり、国が乱れ崩壊していくのです。

本書においても、そのパターンをこれからいくつも見ていくことになるはずです。

古代ギリシャの関税の脱税

古代ギリシャの中心都市である古代アテネの財政収入を見てみましょう。

26ページの表のように、収入の4割は、デロス同盟からの貢納金でした。デロス同盟というのは、ペルシャ帝国の侵攻に対抗して、ギリシャの各ポリスが同盟を結んだもので、アテネが盟主でした。兵力のほとんどをアテネが負担したので、アテネは同盟国から貢納金を受け取っていたのです。

そして残りの6割が「公共奉仕」や通行税や売春税、ブドウ酒税などの間接税と関税でした。古代ギリシャでは直接税はあまりありませんでしたが、通行税や間接税、関税などは様々な種類がありました。

古代国家などというものは、人権意識もないので、国家が強制的に民衆から税を徴収していたというイメージを持つ方も多いはずです。

しかし古代から、「税を徴収する」というのは、けっこう大変なことだったのです。なぜ税を払わなければならないのか、という理由づけも必要になります。何の理由もないのに、自分の財産を国に拠出するようなお人好《ひとよ》しは、昔からそんなにいないのです。

特に、ギリシャのような都市国家では、市民の力が強かったので、市民から直接的に税を取るのは、なかなか社会が許さなかったようです。

そのため、関税や間接税が発達したのです。

中でも、関税というのは、政府にとっては非常に取りやすい税金なのです。

関税は輸出入の際、物資が税関を通るときに課税すればいいだけです。徴収の手間も非常に少なくて済みます。だから古代から関税を財源の柱とする国は少なくありませんでした。

ただ現代では重い関税をかけると相手国も報復的な関税をかけ、お互いの経済にいい影響を与えないということがわかってきたので、なるべく関税はかけないという方向に世界は進んでいます。

古代ギリシャには、「50分の1税」という関税がありました。輸入した商品の価格の50分の1を税として払うのです。

古代ギリシャは交易で栄えた国なので、当然のことながら港湾も整備されていました。

ギリシャの港には、頑丈な壁に囲まれた税関の施設があり、保税倉庫（関税を払う前の荷物が保管された場所）が建ち並んでいました。現在の国際貿易港とほぼ同じ形態です。そして貿易船が入港すると荷主は税関の施設に行き、申告をして税金を払うのです。

もし税金を払わずに輸入し、それが発覚すれば、10倍の関税を払わなければなりませんでした。

しかし、みながきちんと関税を払っていたかというと、そうではなかったようです。当時からすでに関税をごまかす輩《やから》はかなり多かったようです。

古代ギリシャの詩人、Zenon《ゼノン》は国境の町オロープのことを次のようにうたっています。

この国境の町オロープには

関税徴収屋と密輸者しか
住んでいない
オロープの町とその住民に
禍《わざわい》あれ

『世界関税史』朝倉弘教著・日本関税協会より

この詩から推測できるのは、関税を免れている密貿易者がかなりたくさんいたということです。そして、おそらくここにいた密貿易者は、港以外の場所に荷物を揚げるようなタイプの密輸ではなく、関税役人と結託し港から堂々と荷物を揚げていたのでしょう。

だからこそ、Zenonは「禍あれ」などという批判的な文句を書き残しているものと思われます。

古代ギリシャの関税は、「徴税請負人」が徴税業務を担当していました。徴税請

古代アテネの財政収入内訳（紀元前448年〜紀元前432年まで）

内容	金額
デロス同盟からの貢金	8400タレント
租税	10200タレント
神殿金庫からの充当金、戦利品	2000タレント
合計	20600タレント

※1タレントは銀20〜27キロ
『世界関税史』朝倉弘教著・日本関税協会より

負人というのは、国が「徴税権」を売りに出し、業者がそれを入札により購入するという制度です。徴税権を購入した業者は、徴税請負人ということになり、国に代わって徴税業務を行うのです。

徴税権は、実際に徴収できる税額よりも若干低めに設定されているので、国としては損をすることになりますが、徴税業務をしなくていいうえに、先に金が入るというメリットがあるのです。

もちろん徴税権は、かなり高い金額となります。また徴税請負人には徴税を実行できるだけの能力も必要です。だから徴税権を競《せ》り落《お》とすのは、富裕な有力者ということになります。

徴税という業務は、大変なことも多く、思うように税収が得られないケースもあります。徴税請負人の中には、入札で高い値を付けすぎて、後で破産してしまう業者もいました。

また徴税請負人がより多くの利益を出すためには、厳しく税を取り立てなければなりません。そのため、市民とトラブルになることもしばしばありました。

この徴税請負制度は、ローマ帝国にも引き継がれます。

そして、中世ヨーロッパやイスラム諸国にも引き継がれ、近代になってからようやく廃止されました。後述しますが、ローマ帝国や中世ヨーロッパでは、徴税請負人は悪人の代名詞として使われるようになります。

古代エジプトは優れた税制を持っていた

古代エジプトは、ピラミッドに象徴されるように、ファラオと呼ばれる国王が絶大な財力を持っていたことが知られています。

3000年もの長きにわたって豊かな社会を維持してきた国家というのは、人類史上では古代エジプトくらいしかありません。

しかも豊かだったのは、ファラオだけではありません。

遺跡発掘などの史料から、エジプトの民衆たちは、貧しい人でもカマドのある家に住んでいたことがわかっています。またエジプトでは、ゴミ問題なども発生していましたが、これは民衆たちが、すでに都市生活を営んでいたという証拠でもあります。

ファラオに財力があり、民も豊かな生活をしていたということです。

古代ギリシャが都市国家のモデルケースならば、古代エジプトは農業発展国家のモデルケースといえます。

古代エジプトは、ナイル川という氾濫の多い大河川を、堤防や灌漑《かんがい》などで手なずけることで発展した国です。つまりは、大プロジェクトによってつくられた国だといえます。おそらく、この堤防などの大工事をするときに強力なリーダーシップを持った人物がいたのでしょう。そして、その人がファラオになったものと思われます。

こういう国の場合、「中央集権制度」と「直接的な税の徴収」が特徴です。

古代ギリシャでは、市民が直接税を払うことはあまりなかったと述べましたが、古代エジプトではその逆で、民からの直接税が主要な財源となっていました。

エジプトでは、国土はファラオの所有物であり、民はそれを借りて耕作していることになっています。だから農民は賃借料として税金を払わなければならないのです。

もちろん、当初は、肥沃な土地なので、民衆は税を払うことはそれほどシンドイことではなかったと思われます。また収穫にかかる税のほかにも、人一人あたりにかけられる人頭税、家畜の所有者にかけられる家畜税、関税などがあったようです。

古代エジプトは、中央集権的な国家システムを持っていました。

国の力を一つに集約すれば、当然、国力は上がります。大きな土木事業で、天災を防ぐこともできますし、強い軍を持つことで、安全保障にもつながります。エジプトの王たちが、巨大なピラミッドをつくり、溢《あふ》れんばかりの金銀の財宝を貯めこむことができたのも、中央集権社会だったからこそです。

しかし、中央集権国家をつくるということは、実は非常に難しいのです。

中央集権国家をつくるためには、政府が圧倒的な政治力・軍事力を持っていなければなりません。人間社会の営みというのは、自然に任せておいても、中央集権的な社会は生まれません。強力な団体、強力な指導者が、強い力を持ってその地域をまとめるという作業をしなければ、中央集権社会というのは生まれないのです。

古代エジプトで、どういう具合に、誰が中央集権制度をつくったのか、未《いま》だによくわかっていません。しかし、栄華を誇った古代エジプト文明は間違いなく、中央集権社会だったわけです。

そして古代エジプトでは、中央政府が国のすべての行政権、徴税権を持っていたことがわかっています。これらの行政、徴税業務を担っていたのが、「書記（セシュ）」といわれる下級官僚たちでした。古代エジプトでは、この書記といわれる官僚による制度が発達していたのです。

書記は、いろんな行政状況を記録するというのが仕事でしたが、実際には行政全般の事務を行っていました。書記はもちろん読み書きができました。当時は紙も発明されていない時代であり、文字の読み書きができるというのは、特殊な能力だったのです。この特殊な能力を持つ人材というのは、当然、重宝されたのです。

そして彼らは、徴税業務でも優秀な働きをみせていました。

古代エジプトでは、土地のほとんどが国有地とされ、国民はそれを借りて農業を営むという建て前になっていました。また税制は細かく規定されており、農作物、事業の売上、輸出、輸入、奴隷の保有など、様々なものに税が課せられていました。

農作物には20％の収穫税が課せられていました。この収穫税額は、実際の収穫物から算出するのではなく、土地の広さから収穫予定量を割り出すことで決められていました。書記は、この難しい計算を見事にこなしていたのです。

古代エジプトの書記たちは、幾何学のような難解な数学も普通にこなしていました。古代エジプトで活躍したギリシャ人の数学者であり天文学者でもあったエウクレイデスが著した『（ユークリッド）原論』は、実はエジプトの徴税役人たちが行っていた土地の測量方法などを、まとめたものにすぎないそうです。

この書記たちは、古代エジプトの「官僚」でした。つまりは、公務員だったわけです。

実は、これは非常に重要なことなのです。書記官や徴税官が公務員だということは、現代社会では当たり前のように思われています。しかし、古代から中世にかけての社会では、書記官や徴税官は「地方の豪族」の場合が多かったのです。なぜかというと、全国的な官僚組織をつくるというのは、かなり大変なことだからです。地方には豪族などがたくさんおり、彼らをすべて屈服させ、中央政権から官僚を派遣しなければならないのです。

それよりも、地方の豪族を手なずけて徴税権を与え、上納金を納めさせるという方が、政府としては簡単なのです。

しかし徴税人は、税を多く取れば取るだけ自分の収入になるので、不正に税を取り立てるようになります。というより、徴税人は、決められた税よりも多く取ることが大前提であり、政府もそれを容認していたのです。

政府からすれば、徴税という厄介な仕事をせずに、一定の税収が得られるわけです。

もちろん、割を食うのは、税を徴収される民衆です。古代から中世にかけて、この「徴税請負制度」というのは、非常に一般的な税システムだったのです。

ところが、古代エジプトでは、このような「徴税請負システム」ではなく、「中央官僚システム」でした。書記は、政府から給料をもらい国家官僚の仕事として税金の徴収を行っていたのです。

だから、書記は決められたとおりの税金しか徴収しなかったのです。国家の徴税効率もいいですし、民衆も余計な税を取られずに済むわけです。

この「徴税人＝公務員」の制度を維持するのは、実は大変なことなのです。徴税人というのは、税の多寡を決める仕事をするので、賄賂《わいろ》などの誘惑も多いのです。また、決められた額よりも余計に徴収して私腹を肥やす「悪代官」的な誘惑もあります。

そういう悪代官を生み出さないためには、政府は書記を厳しく監督し、また書記にそれなりの報酬を与えなくてはなりません。

古代エジプトは、この制度を維持するために、様々な工夫をしていたようです。

国を治めるファラオたちは、徴税人が悪代官にならないように、書記に対して

「慈悲のある振る舞いをせよ」と常々命じていました。

「もし貧しい農民が税を納められなかったら、3分の2は免除せよ」

「もし税が払えなくて万策尽きてしまっているような者には、それ以上追及してはならない」

とファラオが命じた記録も残っています。

また徴税役人である書記を監視する機関もありました。

「国民から過分な税金を取った徴税役人は鼻を切り落としたうえでアラビアに追放する」

という命令まで下されているのです。

この書記という仕事は、世襲制だったといわれていますが、詳しいことはわかっていません。専門性を有する仕事のため、世襲制では難しかったと思われます。

実際、世襲制を否定するような史料も多々あります。

エジプトの官立の書記学校の教科書には、「書記になれ、そうすればなめらかな手足、柔らかい手のままでいられる。白い服を着て、廷臣たちさえ挨拶してくれる」という記述があります。

ある書記が、自分の息子を官立の書記学校に入学させ「書記になれば、誰からも指示をされずに、どんな職業よりも安楽に暮らせる」と教え諭《さと》した記録も残っています。

「書記になることを勧める」ということは、一定の能力がないと採用されないようなシステムがあったのかもしれません。

とにもかくにも、この書記のおかげで、古代エジプトは効率的な徴税が行えており、それが安定した中央集権の礎《いしずえ》になっていたわけです。

徴税役人が腐敗し「宗教」が台頭する

しかし、この古代エジプトの官僚システムも、やがて腐敗していきます。官僚システムを清廉に保つというのは、いつの時代でも大変難しいことなのです。

古代エジプトの後半期（紀元前１３００年ごろ）になると、徴税役人たちは、ファラオの目を盗んで過重な税を取り、私腹を肥やすようになってきました。もちろん、そんなことをすれば国の財政は逼迫《ひっぱく》します。

ファラオたちはそれを埋め合わせるために、さらなる重税を課すようになったのです。

「官僚が腐敗し税収が減ったために増税し、民が疲弊する」

という悪循環に陥ったのです。この悪循環は、国家が崩壊するときの、非常によくあるパターンです。本書でもこの先、このパターンは何度も出てくることになります。

古代エジプトは、効率的な公共事業を行うことが特徴であり、それが繁栄の理由の一つでもありました。ナイル川は、肥沃な農地を生んでくれましたが、たびたび氾濫しました。このナイル川を大規模な堤防工事で治めていたことが、古代エジプトの豊かさの源泉でもありました。

しかし、相次ぐ増税のため、税を払えなくなった者たちが農地を放棄したので農村の人口が減り、ナイル川の堤防も補修をすることができなくなってしまいました。そして洪水の被害が、さらに農村を弱めていったのです。

そして、国家がこの崩壊のパターンにはまったときに、必ずといっていいほど台頭してくるのが「宗教」です。古今東西のいろんな国家崩壊劇において、宗教は常に大きな役回りを演じるのです。

古代エジプトも、その典型です。

古代エジプトには、「神殿（アメン神殿）」という強力な宗教団体がありました。

アメン神殿は、もともとはファラオたちが信仰するアメン神を祀《まつ》った神殿でした。しかし、ファラオたちの権威が低下するとともにアメン神殿自体が力をつけていったのです。

古代エジプトでは、神殿（アメン神殿）は強力な特権を持っていました。

神殿の土地や収穫物には税金はかからず、神殿の労働者は人頭税を払わなくてよかったのです。

そして、税金が払えなくなった者が神殿に逃げ込

国家が崩壊する典型的なパターン

官僚の腐敗
↓
税収減
↓
埋め合わせのための増税
↓
民が疲弊
↓
国家が崩壊

んだ場合、徴税役人からの追及を逃れることができました。

そのためエジプトでは官僚機構が腐っていくに従い、領民は、次々にアメン神殿に逃げ込み、課税対象となる土地や資産を寄進するようになったのです。

古代エジプトの末期には、王家の課税基盤は2分の1にまで減っていたとみられています。その分だけ、アメン神殿に吸収されたのです。

そして紀元前1080年ごろには、アメン神殿はエジプトの中で独立国家のようになります。これにより古代エジプトは事実上、分裂してしまったのです。

それからもしばらく古代エジプトは持ちこたえますが、紀元前525年に、ペルシャで興《おこ》ったアケメネス朝の侵攻を受け、支配下に入ります。そして紀元前332年には、マケドニアのアレクサンドロス3世に滅ぼされてしまうのです。

第2章　秦の始皇帝を悩ませた高度な脱税

戸籍をごまかす

中国は、非常に古い歴史のある国です。

黄河文明は世界四大文明の一つとされていますし、文字で記された歴史だけでも、4000年前までさかのぼることができるとされています。文献に出てくる古い時代の話は神話や伝説もごちゃまぜになっており、本当に4000年さかのぼれるのかどうかは定かではありません。が、それでも、中国が相当古い時代から高度な文化を持っていたことは間違いありません。

中国全土を最初に統一したのは、秦の始皇帝です。最近は、『キングダム』というマンガでもおなじみですね。これが紀元前221年のことです。地中海、ヨーロッパでは、古代ローマが全盛期を迎えていたころです。

この「秦」という国がつくられたとき、すでに中国の社会では貨幣が使われており、税制もかなり整備されていました。

秦では、「算賦《さんぷ》」という人頭税が課せられていました。人頭税というのは、人一人あたりにかけられる税金のことです。豊かな者も貧しい者も同様にかけられるので、「貧者に辛《つら》い税金」だとされています。が、人頭税は、徴税する側から見れば、人数をチェックするだけで徴税ができるので、古代から為政者はよくこの人頭税をかけています。

この人頭税「算賦」は、秦ができる以前から各国にあった「賦《ふ》」という税金が起源です。「賦」とは兵役に従事しない者から徴収する税です。つまり、最初は、戦争に参加しない権利を得るために払っていた税金だったのです。それが、いつの間にか、人すべてに課せられるものとなったのです。

秦の時代の「算賦」は、15歳から56歳までの男女に毎年１２０銭がかけられていました。

商人、奴婢《ぬひ》の税額はその2倍となっています。

また15歳から30歳までの「未婚女子」には5倍の６００銭もの算賦がかけられていました。適齢期になって結婚していない若い女性を狙い撃ちにして、高い税金をかけているわけです。当時の思想として、若い女性は早く結婚しろということだったのでしょう。が、現実的問題としては、当時この年齢の女性はほとんどが結婚しており、この重税が課せられた女性はそう多くはなかったものと思われます。

そのほかにも、民の負うべき税として、労役や兵役があったようです。

このように古代中国では、人頭税や労役、兵役など、「人や男として存在するだけ」で払わなければならない税がかなり多かったわけです。

これらの税を逃れようとする動きも、当時からあったようです。

人頭税や労役を課すには、人口の把握が非常に重要になります。そのため古代中国ではかなり以前から人口調査と戸籍作成を行っていました。秦の時代の遺跡からは、戸籍の申告に関する注意を述べた文書が発見されています。その文書には次のようなことが書かれていました。

●青年に達した者を隠して申告しなかったり、身体障害者の申告が不正確であれば、里老《りろう》に労務刑を科す。

●老人の年齢ではないのに「老人」としていたり、老人の年齢なのに「老人」としていない場合は、鎧《よろい》二領を納めなくてはならない。

●里老を申告していない者は鎧一領を納めなくてはならない。

これは、つまりは、戸籍の申告で嘘《うそ》の申告をした者に対する罰則が書かれているわけです。こういう罰則が決められていたということは、嘘の申告をする者が多かったということでしょう。身体障害者や老人は、税が減免されていたので、そういう嘘の申告をした者が多かったと思われます。また、ここでいう里老というのは、一族の長老のような人だと考えられます。つまり、戸籍の不正な申告があった場合は、長老に責任を取らせるということです。

また漢の時代の戸籍では、若くして死亡した者のうち男性の割合が非常に多いなど、明らかに不自然な現象が見られます。

これも、労役や兵役を逃れるために、嘘の申告をしていたことが疑われます。

古代中国の財源

古代中国において重要な財源となっていたのは、「貨幣の鋳造《ちゅうぞう》」でした。貨幣を鋳造すれば、お金をつくった分だけ財源となります。政権は貨幣の材料となる貴金属を確保し、貨幣鋳造の技術さえあれば、相当の財源を手にすることができるのです。

この「貨幣鋳造を財源とする」という財政方式は、近代にいたるまで各国の政権が使ってきました。たとえば、日本の江戸時代でも、幕府が貨幣鋳造を独占的に行い、原則として他藩の貨幣鋳造は禁止していました。そのため、貨幣鋳造が幕府の重要な財源となり、幕末には幕府財源の3分の1が、貨幣鋳造益でした。

昨今では、貨幣鋳造に使える貴金属がそう大量に確保できないことなどから、世界各国は貴金属の高額貨幣をつくることができなくなり、「貨幣鋳造を財源とする」ことはほとんどなくなりました。

古代中国の話に戻しましょう。

古代中国では、貨幣鋳造の技術が非常に発達しており、大量の貨幣を鋳造することができました。そして、最初に貨幣鋳造を大掛かりに行ったのは、中国を最初に統一したあの「秦の始皇帝」です。秦は、まだ戦国時代の一地方国にすぎなかった紀元前３３６年、政府による「半両銭」の鋳造を始めます。

当時の中国では、すでに貨幣の鋳造は行われていましたが、いろんな勢力やいろんな都市が勝手に鋳造していたため形状も価値もバラバラで、非常に使いにくいものでした。

しかし、秦の政府は、形状と価値を統一した「半両銭」を鋳造し、領民に対して「半両銭」の使用を強制したのです。それと同時に、他国の貨幣を持ち込んだり、使用したりすることは禁じられました。

このような「公定貨幣」を鋳造していたのは、戦国時代の中国7か国の中では、秦だけです。貨幣が統一されれば、商取引が促進され、都市が発展します。

また政府にとっては、大きな財源となります。

というのも、民間が勝手に貨幣を鋳造した場合、その貨幣の価値は市場に委ねられます。貨幣に使われている貴金属の含有量などによって、市場での貨幣の価値が決められることになるので、貨幣の価値はそこに含まれている貴金属の価値に近くなっていきます。

が、政府が公定貨幣をつくり、ほかの貨幣の流通を禁止した場合、その公定貨幣の価値は政府が勝手に設定することになります。「この貨幣は一枚一両の価値がある」というように貨幣の価値を政府が決めるのです。

そして、政府は大方の場合、その貨幣に含まれている貴金属よりも高い価値設定にします。だから、貨幣の額面価値と、貴金属としての価値には差が生じます。その差額が「鋳造益」となり、政府の財政収入になるということです。

が、この貨幣の鋳造益を得るためには、民間の貨幣鋳造を禁止し、公定貨幣以外の貨幣の使用をやめさせなければなりません。秦は、それを徹底的に行ったのです。

この「貨幣の鋳造」という財源は、政権にとって非常に都合がよいものです。ほかの財源のように、民から徴収しなくていいからです。

いつの時代でも税の徴収というのは、政権にとって非常に大変なものなのです。取り方を間違えると、反乱が起きて下手をすれば国が倒れたりもします。世界史の中でも、政権が倒れるときの原因として、非常によく出てくるのが「税」なのです。

貨幣鋳造の場合は、貨幣の材料の確保さえしていれば、この大変な作業である「税の徴収」をしなくていいのです。

政府は貨幣をつくり、それを使わせることで、民の収穫物や商品、労力を得ることができるというわけです。

秦の始皇帝を悩ませた高度な脱税集団

しかし、政府としては注意しなければならない問題があります。

貨幣の密造です。

民が勝手に貨幣を鋳造すれば、「税を逃れる」よりも一歩進んで、本来、国家の収入である貨幣鋳造益を横取りすることになります。

つまりは、「脱税」ではなく、「盗税」をしていたことになります。

この民間の貨幣鋳造（つまり贋金製造）は、貨幣が発明されてから現代まで、何かしらの形で行われてきました。が、古代中国ほど大々的に贋金がつくられていた時代はないといえるでしょう。

その理由は主に次の二点だと思われます。

●古代中国ではまだ貨幣の質が粗かったので、偽造してもばれにくかった。

●その反面、古代中国では高度な金属加工技術が普及していたので、民間でも贋金をつくれる者がたくさんいた。

贋金の製造は、すでに秦の時代からかなり行われていたとみられています。というのも、秦が中国全土を制圧する前の「戦国秦」の時代の文書にすでに、半両銭を密鋳造して捕まった者のことが記載されているのです。

また「項羽《こうう》と劉邦《りゅうほう》」で知られる項羽の叔父の項梁《こうりょう》は、若いころ、贋金を製造していたと『楚漢春秋《そかんしゅんじゅう》』に記されています。

「項羽と劉邦」というのは、秦の始皇帝が死去した後、勢力争いを繰り広げる二人の武将のことです。最終的に劉邦の勝利となり、「漢帝国」をつくります。両者の対決は『項羽と劉邦』というタイトルで司馬遼太郎の小説にもなっています。

この項羽と劉邦の二人のうち、敗れた方の項羽の叔父の項梁は、項羽の育ての親であり秦代末期の武将でした。項梁は秦の始皇帝が死去した後、自分の手勢を率いて蜂起します。それが、中国を二分する勢力に発展するのです。

『楚漢春秋』には、「項梁は若いころから任俠《にんきょう》の親分のような存在であり、贋金をつくって、若者を90人養っていた」ということが記されているのです。

漢の贋金鋳造防止策とは？

贋金をつくるには、それなりの設備、高度な技術が必要です。また贋金は公然とつくることはできませんので、人目につきにくい場所を確保しなければなりません。個人でこれを行うのは難しいため、当時から「贋金をつくる組織」があったようです。

項梁のような、ならず者（游俠者《ゆうきょう》）の中で知恵の回る者が、贋金製造の組織をつくっていたと思われます。古代中国には、ならず者がたくさんいたようで、中国の歴史書『史記』には「游俠列伝」という巻があります。この「游俠列伝」の中に、游俠者が贋金を製造していたという記述が出てくるのです。

秦は先進的な貨幣政策を行っていた国ですが、それと同時に「先進的な脱税」も行われていたということです。

秦が倒れ、漢の時代（紀元前202年～紀元8年）になっても、贋金対策は政府の懸案事項となっていました。「貨幣の私鋳は死刑」という厳しい重罰があったにもかかわらず、贋金づくりが横行していました。

当時の贋金の製造方法は、正規の貨幣を削り取って一定量の銅を確保し、それを材料にして新たに貨幣をつくるというものでした。だから、当時の貨幣には、周りを削り取られて一回り小さくなったものがたくさんありました。

紀元前119年には、「五銖銭《ごしゅせん》」という新たな貨幣を鋳造し、削り取り防止の周郭を付けました。もし削り取れば周郭がなくなるために、「これは削り取った貨幣だ」とわかってしまうのです。紀元前115年には周郭に赤銅をめぐらせて削り取りを防ごうとしました。これは、削れば赤い銅が落ちるようになっていました。

そういう工夫をしても、民の私的鋳造はなくなりませんでした。

この対策として、当時皇帝だった「武帝《ぶてい》」は驚くような最終手段に出ます。

それは「大量生産」です。

紀元前113年、武帝は、それまで分散していた鋳造施設を、一か所に集めることにしました。そして水衡都尉《すいこうとい》の上林《じょうりん》三官という役所に、五銖銭の鋳造を独占させたのです。この鋳造銭は上林三官でつくられていたので「三官銭」ともいいます。

そして、これまで通用していた銭はすべて集められ、溶解されて三官銭の材料になりました。

武帝によってつくられた五銖銭は、「平帝《へいてい》」までの約120年の間に、280億枚つくられたとされています（『漢書』食貨志《しょっかし》下）。なんと一年間に2億数千枚つくられた計算になります。『漢書』食貨志 下に若干の誇張があるとしても、相当の数の五銖銭がつくられたことは間違いないようです。現在の日本の100円硬貨の製造枚数が年間2億枚から3億枚なので、それに匹敵するものです。

中国では平帝の時代（紀元2年ごろ）に、史上初の戸籍作成が行われましたが、そのときの人口は約6000万人です。だから単純計算で一人あたり500枚弱の五銖銭が行き渡ることになります。もちろん、欠損分があるので、実際はそれより少ない量にはなりますが、相当数の貨幣を国民が保有していたことは間違いありません。

古代中国がこのように大量の貨幣鋳造ができたのは、金属の加工技術が優れていたからです。古代中国では、すでに鉄鉱石を溶かして鋳型に流し込んで鉄製品をつくる「鋳造」が行われていました。中国以外の古代世界では、鉄鉱石を半溶状にしハンマーで叩いて鉄製品をつくる「鍛造《たんぞう》」という方法しか開発されていなかったのです。

この「鋳造」は大量生産が可能ですが、鉄鉱石を溶かす溶鉱炉が必要となるため、高い技術力が求められました。ヨーロッパで鉄の鋳造ができるようになったのは、

14世紀くらいのことであり、中国は実に千数百年も進んでいたということです。漢の時代（紀元前後）、すでに現代のものと仕組み的には変わらない送風機を備えた溶鉱炉がつくられていました。

この金属加工技術があったため、中国では、銅銭や鉄銭を大量生産することができたのです。

このような大量生産をすれば、贋金の鋳造者にとっては大きな打撃となります。貨幣が大量に出回るために、貨幣の相対的な価値が低下してしまいます。贋金の製造というのは、それなりの手間がかかり、危険も大きいことから、貨幣価値がある程度高くないと「元が取れない」のです。

この当時、貨幣価値がどの程度下がったかについては明確なデータはありませんが、贋金の鋳造者のモチベーションが大きく下がったのは間違いないでしょう。また、これほど大量に貨幣を発行すれば、多少、贋金がつくられたところで、財源にも影響しないというわけです。

この五銖銭は、後漢の末（紀元220年くらい）まで使用され、三国時代以降の各王朝もこれを援用しました。五銖銭は唐が開元通宝《かいげんつうほう》をつくる621年まで、実に750年近くも鋳造、使用されたのです。

命知らずの鉄の密造者

五銖銭の大量発行を始めたのは、前述したように武帝という人です。

武帝は、前漢の七代目の皇帝で、古代中国の不倶戴天《ふぐたいてん》の敵ともいえる匈奴《きょうど》を攻撃し、一時的に鎮圧することに成功しました。また南越（今の中国南部〜ベトナム北部）や朝鮮まで版図に組み込むなど、漢の勢力を大きく広げた皇帝です。

つまりは、前漢の全盛期の皇帝というわけです。

が、匈奴を鎮圧したり、版図《はんと》を広げるには、当然、莫大な軍事費がかかります。武器や糧食、兵士たちへの褒賞も必要です。

そのため武帝は、大規模な財政改革を行い、新たな税をいくつも創設しています。

紀元前120年には、塩と鉄に課税をしました。

塩は人の栄養素として欠かせないものです。また鉄は、武器のほか、農機具としても使用され始めており、人々の生活に欠かせないものとなっていました。

だから塩や鉄の販売業者は、当時、大きな利益を上げており、1000人以上の働き手を抱える「大企業」も出現していました。

武帝は、この旨みの多い塩と鉄に目をつけたわけです。

しかも、ただ塩や鉄の「売買」に税をかけるのではなく、一歩進めて国の「専売制」にしたのです。つまり、塩と鉄の製造をすべて国が行い、その販売収益をすべて国がもらうということです。もちろん、ただ税金をかけるより、専売制にした方が、国の利益は大きくなります。しかし、その分手間がかかります。

鉄の方は、鉄鉱石の産地50か所に鉄官と呼ばれる役所を置き、国家直営の製鉄所をつくりました。

塩の方は、全国36か所に塩官という役所を置き、国家の管理のもとで民間業者に製塩をさせ、製品はすべて国が買い取りました。

そして、塩や鉄を私的に製造した者には、重罪を科しました。しかし、それでも鉄を密造する者はいたらしいのです。というのも、鉄官が置かれた地域以外にも前漢時代の鉄鉱遺跡が発見されているのです。

武帝の厳しい脱税摘発

武帝は、塩、鉄の専売だけではなく、ほかの税目も拡充しました。

当時、行商などで儲《もう》かっている商人が多くいましたが、彼らはほとんど税を払っていませんでした。だから、彼らに税を課そうとしたのです。

秦以来、商人は国家公認制になっており、都市の一角にある「市」のみで営業が許可されていました。商人たちは市籍に登録され、営業税として「市租《しそ》」が課されていました。

しかし前漢の時代には、「市」以外で商売をしている商人や、行商人が多く存在していました。彼らは市籍に登録されていないため、市租を払うこともありません。商人の中では、彼らがもっとも儲かっていたのです。

それを見た武帝は、紀元前119年に、新しい財産税を課しました。

これまで、一般の人には、財産2000銭につき24銭の財産税が課されていました。これを商人には一般人の5倍、財産2000銭につき120銭が課せられることになったのです。手工業者には2・5倍の60銭が課せられました。

そして、市籍があるかどうかにかかわらず、商業をしている者すべてに「商人としての税率」が課されました。

この新しい財産税には、厳しい罰則がありました。もし申告漏れがあった場合は、全財産没収のうえ、一年間の辺境防備の役《えき》につかなければならなかったのです。

それでも、きちんと申告をしない者が多数いました。

そこで業《ごう》を煮やした武帝は、紀元前117年に、民に対して密告の奨励をしました。商人などが財産税をごまかして申告していた場合、それを密告すればその商人の財産の半分をもらえるという、凄《すさ》まじいものでした。この密告奨励は、紀元前114年にも出されました。

この密告奨励により、密告が続出し、国家に多くの土地や財産が入ってきました。そして、中規模以上の商人の多くが破産したとみられています。

第3章　脱税で崩壊したローマ帝国

古代ローマにも優れた税システムがあった

「古代ローマ」……地中海周辺から西ヨーロッパやアジア、アラブにまで勢力を伸ばした、いわずと知れた、古代世界での超巨大国家です。

古代ローマが、現在のヨーロッパの礎をつくったのであり、古代ローマのつくった都市の多くは、そのまま現在のヨーロッパの中枢都市になっています。

この古代ローマも、非常に効率的な税システムを持っていました。強大な国には、必ず優れた税システムがあるのです。

古代ローマの共和政時代（紀元前509年から紀元前27年ごろ）には、ローマ市民はほとんど直接税を払っていなかったとみられています。

なぜなら、その必要がなかったからです。

ローマの行政官は、無報酬でローマ市民が務めていました。

後年のイタリア・ジェノヴァなどの自由都市と同様の仕組みを持っていたのです。

そして最低限の行政経費は、輸出入における関税や奴隷税で賄っていました。

奴隷は売買するときに２％から５％の売却税がかかり、奴隷が自由になるときには奴隷の価格の５％の税金が課せられていました。この奴隷税により、だいたいの行政経費は賄えていたのです。

強いていえば、古代ローマには兵役の義務がありました。ローマ市民は、無報酬で一年間従軍する決まりになっており、武器なども自前で調達することになっていたのです。ローマの軍隊は、この徴兵制によって維持されていたのです。

が、この兵役の義務もやがてなくなりました。

徴兵制度の軍隊では、兵士の世代が変わると軍が弱体化してしまいます。そこで、国の財政で兵を雇い、武器も支給するという方針に転換したのです。

その代わりに「戦争税」が課せられるようになりました。

この戦争税は、非常にユニークな仕組みを持っていました。

持っている財産の種類によって税率が変わる仕組みになっており、宝石や高価な衣装、豪華な馬車などの贅沢品《ぜいたくひん》には、最高10倍の税金が課せられたのです。

「富裕層ほど税率を高くする」という累進性を世界各国が採り入れ始めたのは、20

世紀に入ってからのことです。

それを考えると、この古代ローマ帝国の先進性は驚くばかりです。

また富裕層には、戦争時には、国家に融資する義務がありました。

が、これは「拠出」ではなく、あくまで「融資」でした。そのため、ローマ軍が戦争に勝って、戦利品などがあれば、融資した額に応じて「配当」があったのです。

しかもローマ軍が勝ち進み、領地が拡大するとともに、この戦争税も廃止されました。都市国家ローマ（共和政ローマ）が誕生して350年ほどたった紀元前150年ごろまでに戦争税はすべて廃止されたとみられています。

なぜ廃止されたかというと、占領地から税を徴収することができたからです。

古代ローマは、征服した土地を一旦、ローマの領土に組み込み、その土地を現地の住民たちに貸し出すという形で、税を徴収しました。そのためローマには各地から税として、貴金属や収穫物などが集まり、それだけで国を維持できるようになったのです。

中でも、スペインから送られてくる金銀は、ローマの財政の礎となりました。

紀元前206年から紀元前197年までの10年間だけで、金約1・8トン、銀約60トンがスペインの鉱山からローマに献納されたのです。このスペインの金銀のおかげで、ローマは貨幣制度を整えることができました。

「貨幣の発行」

というのは、古代から近代まで国家の重要な財源でした。

発行した貨幣は、そのまま国の財産になり、財源として使えるからです。だから、国家は大量の金銀銅を入手し、貨幣の鋳造技術さえあれば、ほかに税を徴収しなくても財源が賄えることになります。古代ローマ帝国は、しばらくはこの方式で主要な財源を賄っていたようです。だから、ローマ市民はほとんど税負担がなかったのです。

紀元前200年ごろからつくられるようになった「デナリウス貨」は、ローマ帝国内での中心的な通貨となり、傭兵《ようへい》への給料などもこれで支払われました。もちろん、このデナリウス貨は、ローマ帝国の重要な財源となったのです。

占領地には過酷な税を課す

ローマは征服地には、絶対的な権限を持つ総督を派遣し、強力なローマ軍を駐留させました。しかしローマは、征服地の税に関しては、ローマの決めた税を押し付けるようなことはせず、従来その地域で行われていた税を徴収しました。この硬軟を織り交ぜた占領政策により、広大な領土を統治できたのです。

が、ローマの比較的穏便な占領政策は、共和政末期に崩れ始めます。

占領地からの豊かな貢ぎ物に最初は満足していたローマ市民たちも、時を経るごとにその要求は高くなっていきました。そのため紀元前130年ごろ、ローマの属州に対して「収穫税」を課すようになりました。

しかも、この収穫税は、徴税請負人に委託して徴税業務を行わせたのです。

徴税請負人は、あらかじめローマ政府から5年分の徴税権を買い取るという仕組みでした。つまりローマ政府は、5年分の税収を、徴税請負人から一括して受けられるようになったのです。

政府としては5年分の前払いを受けられるので、目先の収益は増えます。が、その分、徴税請負人に「前納割引」をしなければならないので、長期的に見れば減収となるのです。

そして、この徴税請負制度の最大の欠点は、「徴税請負人の権力が肥大化していく」ということです。

徴税請負人には、莫大《ばくだい》な資金力が必要となるため、徴税請負人たちが結託して会社組織のようなものをつくりました。

これは世界最古の会社だとされています。

この徴税請負会社には、一般の市民が投資をすることもできました。が、投資者と徴税請負人の間には明確な区分があり、この点も、現在の株式会社に非常に似ています。

徴税請負会社はローマ政府に莫大な徴税権代金を払っているのだから、当然のことながら、それ以上の税を得ようとします。徴税請負会社には、属州に対して強制的に税を徴収する権利が与えられており、徴税業務は苛烈《かれつ》を極めることになりました。

しかも、徴税請負会社は直接徴税することをせず、各属州で現地の下請け徴税請負人を雇うようになります。徴税請負会社は、中間マージンを取るのです。つまり、属州の住民は、徴税請負会社と現地の徴税請負人の両方からマージンを取られるようになったのです。

当然、税負担は跳ね上がります。その結果、反乱を起こす属州も出てきました。ローマにもっとも打撃を与えたのが、ミトリダテス大王の反乱です。

紀元前88年、トルコ地域の王・ミトリダテス大王の画策により、ギリシャの大部分の都市が、一斉に蜂起しました。蜂起の日の一日だけで、ローマの徴税請負人8万人と、ローマ人商人2万人などが殺されたとされています。

ミトリダテス大王は、ローマからの独立を求めたわけではなく、「徴税請負人を廃止すること」「蜂起に参加した都市全部を5年間免税にすること」を求めたのです。

この反乱はローマ軍によって鎮圧されましたが、ローマ政府は大きな打撃を被りました。そして、この打撃によりローマ共和政は混乱し、帝政へと移行するのです。

暴君ネロの税制改革

民衆の不満が高まり、各地で反乱が起きるようになった古代ローマでは、国家システムを改善させる強いリーダーが必要でした。

そこで登場してきたのが、ローマ帝政の初代皇帝アウグストゥスです。

アウグストゥスは、そもそもはローマの執政官（大統領のような職）でしたが、徐々に自分の権限を強化し、最終的に皇帝になったのです。

アウグストゥスは、徴税請負人をなるべく通さず、政府が直接、属州に対して徴税を行うように改めようとしました。また新たに手に入れたエジプトを、皇帝の直轄地にし、財政基盤の強化を図りました。

アウグストゥス以降、ローマの歴代の皇帝たちは、徴税システムの簡素化と公平化に心を砕きました。

暴君として名高い皇帝ネロなどもそうです。ネロは、これまで市民に公開されていなかった「徴税規則」を公表し、税金を払えない者に対する徴収権を1年の時効で消滅させることにし、徴税担当官の不正の是正を最優先課題に掲げました。

これらの皇帝たちの努力により、古代ローマの徴税システムは、以前に比べて安定するようになりました。

が、徴税請負制度は撤廃されたわけではなく、徴税担当者の腐敗も後を絶ちませんでした。

かの『新約聖書』は、ローマ帝政の支配下に置かれていたパレスチナ地方が舞台になっており、ローマの属州に対する治政を垣間見ることができます。

この『新約聖書』では、徴税人のエピソードが頻繁に出てくるのです。

当時の徴税人というのは、民衆にとっては「悪代官」のような存在でした。

あるときイエス・キリストがこの徴税人たちと一緒に食事をしていたために、ユダヤ教の宗派から難癖をつけられます。「なぜ、あんな罪深い人たちと一緒に食事をするのか」ということです。

しかし、イエスはこう答えます。「私は罪人を悔い改めさせるために来ている」と。

いずれにしろ、当時の徴税人というのは、ユダヤ社会では罪深い存在として扱われていました。つまり、古代ローマの徴税人の腐敗は決して改善されたわけではなかったのです。

脱税の横行で国家が崩壊

ローマ皇帝たちは、必死に徴税システムの改善に努めましたが、そう簡単には改善されず、税収が不足するようになりました。

すると、今度は「悪貨の鋳造」をするようになりました。この悪貨の鋳造は、古代から近代にかけて、政権が税収不足を補うための非常にオーソドックスな方法といえます。

悪貨の鋳造というのは、簡単にいえば、金銀などの含有率をこれまでよりも減らした貨幣をつくり、その劣化した貨幣を以前と同じ価値で流通させようとするものです。

当初、純銀でつくられていたデナリウス貨は、皇帝ネロの時代から銀含有量が減り始めました。紀元200年ごろには、銀含有量は初期のデナリウス貨の50％程度になり、紀元270年ごろには、わずか5％にまでなり、その後も下がり続けました。

つまり、劣化した通貨を大量発行することで、財源を補おうというわけです。当然、激しいインフレが生じます。

紀元200年ごろには小麦1ブッシェル（約36リットル）が200デナリウスだったのが、紀元344年には200万デナリウスになっていました。なんと1万倍のインフレです。現在の経済用語でいうところの「ハイパーインフレ」です。

それだけ大量の貨幣を発行したのです。

インフレを止めるには、通貨増発をやめなければなりません。しかし、通貨増発をやめれば、政府は財源がなくなります。

そのため政府は通貨増発以外に、税収を得る道を探さなければならなくなったのです。

ローマ帝国がキリスト教を国教とした理由

紀元２８４年にローマ皇帝に即位したディオクレティアヌスは、大幅な課税強化を行いました。ローマ帝国内の各都市、属州に対して、中央政府が直接の徴税に乗り出しました。徴税請負人や地元の権力者らの「中間搾取」を排除しようとしたのです。

政府自らがローマ帝国内を個別調査し、税金の額を決定しました。

また価値の下がったデナリウス貨での徴税はやめ、収穫物などの現物納付に改めさせました。そして、イタリアに住むローマ市民にも直接税を課しました。それまでローマ市民（一定の資格を持つ者）は、人頭税などの直接税は伝統的に免除されていましたが、その特権を廃止したのです。

その後、ローマ皇帝となったコンスタンティヌス大帝は、キリスト教を容認することで、財政安定を図ろうとしました。

キリスト教は、ローマ帝国時代（1世紀前後）のパレスチナで起こったものです。

当時のパレスチナ地方には、ユダヤ民族が住んでおり、彼らはユダヤ教を信仰していました。ユダヤ教は4000年の歴史があるとされ、「人々は助け合って生きるべし」という相互扶助を旨とした宗教でした。しかし、イエス・キリストの時代にはすでに形骸化しており、人々は、一応ユダヤ教の決まりは守るけれど、本質的に助け合おうという意識が希薄になっていました。

それに対して異議を唱え、愛し合うことを説いたのがイエスなのです。イエスの教えに共鳴する者は多く、キリスト教はあっという間に広がりました。

しかしイエスは裁判にかけられ、十字架にかけられて処刑されてしまいました。が、イエスの死後、その教えはますます広がることになりました。イエスの弟子たちは「教会」をつくり、それが教団として急激に拡大していきました。

当初、ローマ帝国はキリスト教を禁止していました。が、キリスト教が広がることを抑えられない様子を見て、4世紀のローマ帝国皇帝コンスタンティヌスが、むしろローマ帝国の統治に取り込もうとしたのです。

当時、キリスト教はいくつもの宗派に分かれていましたが、コンスタンティヌスは、その中でアタナシウス派という宗派をキリスト教の正統宗派とし、その他の宗派は異端としたのです。

つまり、コンスタンティヌスは、キリスト教のアタナシウス派に国教としてのお墨付きを与えることで、キリスト教の間接的な支配者になったのです。

コンスタンティヌスのこのキリスト教懐柔策の大きな目的の一つが「徴税」でした。

国家とキリスト教を結び付けることにより、「キリスト教徒であれば国家にちゃんと税金を払え」というふうに仕向けたのです。キリスト教徒としても、「信仰と税金」がリンクすることになり、税金を払わざるを得なくなったわけです。

ディオクレティアヌスやコンスタンティヌスの税制改革は、一旦は成功し、ローマ帝国はかつての隆盛を取り戻しました。

が、この税制改革も長続きはしませんでした。

というのも、税収不足はなかなか解消されなかったので、徴税が苛烈を極めたのです。税金を払わない者に対して、拷問などもしばしば行われました。ローマ市民の中には、納税ができないために、自分の子供を奴隷として売る者や、自分自身が奴隷に身を落とす者が多数いたそうです。

また、ディオクレティアヌスの徴税システムを遂行するには、巨大な官僚組織が必要でした。この官僚組織を維持するには、多額の税収が必要となります。

官僚組織は、巨大化すればするほど、腐敗する可能性も高くなります。

富裕な貴族や大地主たちは、賄賂を使って税の免除を受けたり、安く済ませることができました。賄賂を出せないローマ市民や農民たちは、貴族や大地主に自分の土地や資産を寄進し、その配下に入っていきました。

そのため、貴族や大地主の勢力が肥大化し、国家の形態が破綻していきます。

「税を免除された特権階級が肥大化する」

という、国家が崩壊する、非常にオーソドックスなパターンです。

日本でも、平安時代に税逃れのために農民たちが有力な貴族や寺社に農地を寄進したことが知られています。いわゆる「荘園」です。この荘園が広まるにつれ、貴族や寺社の勢力が強まり、国の中央権力は弱まり、各地に有力者が割拠する「封建時代」になっていったのです。

ディオクレティアヌス、コンスタンティヌスの時代から約１００年後、古代ローマは東西に分裂し、やがて衰退していくことになりました。

ユダヤ人の放浪は重税を逃れるためだった

世界史の中でたびたび登場してくる「ユダヤ人」。彼らは「離散の民」と呼ばれ、世界中に散在しています。

そもそもユダヤ人とは何なのでしょうか？

ユダヤ人というのは、今から約４０００年前に今のパレスチナ地方にいた人々を始祖としています。彼らは、ユダヤ教という宗教を信仰し、聖書を編纂《へんさん》していました。

なぜユダヤ人が離散することになったのかというと、ざっくりいえば、周辺に強大な国が現れて侵攻されてしまったのです。

ユダヤ民族のいたパレスチナ地方は、中東の要衝の地で地中海に面しています。ヨーロッパ、アラブの文明は地中海を中心に発展しましたので、ユダヤ民族もその地中海の発展とともに生じたものです。が、この地中海地域は強大な国が何度も現れて、周囲を侵攻したり、激しい勢力争いを繰り広げたところです。古代ヒッタイトしかり、古代エジプトしかり、古代ローマしかりです。小国たちは、そういう大国に翻弄されてきました。

ユダヤ民族もそういう小国の一つでした。

ユダヤ民族は、地中海の目まぐるしい覇権争いの中で、国が消滅したり、奴隷として民族ごと連れ去られるなどして放浪する羽目になったのです。

普通、国が消滅したり、奴隷として連れ去られたりすれば、その民族は雲散霧消してしまうはずです。そういう消滅民族は、長い人類史の中では、数えきれないほどあります。

なぜユダヤ人だけが放浪を繰り返しながらも残ったのかというと、彼らがユダヤ教を手放さなかったからです。

彼らは国が消滅し、各地に離散した後もユダヤ教を信仰し続けました。

「ユダヤ教の信仰」

という一点で、ユダヤ民族はその存在を４０００年もの間、保持し続けたのです。

ユダヤ人は長い歴史を通じて、あらゆる土地でマイノリティであり、異教徒であったため、たびたび迫害や追放の目に遭ってきました。

そのたびにユダヤ人は受け入れてくれる場所を求めて世界中をさまようのです。

このユダヤ人の放浪は、実は、重税から逃れるための放浪でもありました。

各地の人々がユダヤ人を迫害するとき、あからさまに襲撃して財産を奪うこともありましたが、重税を課すことで間接的に迫害することもありました。

ユダヤ人に対して、とても耐えられないような重税を課し、財産を奪ったり、土地から追い出したりしてきたのです。

たとえば『旧約聖書』には、モーゼが奴隷にされたユダヤ人たちを率いて、エジプトから脱出する「出エジプト記」という物語があります。

ユダヤ人たちは、当初、エジプトのファラオに優遇されていましたが、あるファラオの代で、突然、奴隷にされたのです。そのため、ユダヤ人たちがエジプトを脱出するのです。

これも、ただ奴隷にされたのではなく、ユダヤ人たちは重税を課せられ滞納してしまったために、奴隷にされたのではないか、という説があるのです。これが紀元前1300年ごろだといわれています。

紀元前後には、ローマ帝国の後ろ盾を受けたヘロデ王により、イスラエルにユダヤ王国がつくられます。ヘロデ王はユダヤ人ですが、ユダヤ民族の支持を得て王となったわけではありませんでした。ヘロデ王は、ローマ帝国をうまく籠絡《ろうらく》してユダヤ人の国をつくったのです。が、その代わり、ローマ帝国はこのユダヤ人国家に重い税を課しました。

当時のユダヤ人には、ローマ帝国に納める「10分の1税」や、神殿の建造・補修のための神殿税のほかに、ユダヤ教の会堂（シナゴーグ）に納める寄付金もありました。そして、前述したように、ローマ帝国の税金には、「徴税請負人」という制度がありました。

多くのユダヤ人は経済的に厳しい生活を強いられていましたが、その一方でうまく立ち回って富裕な生活をしている者もいました。

あのイエス・キリストは、この時代のユダヤ王国に生まれたのです。イエス・キリストの教えの大きなテーマは「相互扶助」でしたが、それはユダヤ人社会の大きな苦しみとなっていた重税に対する解決策でもありました。

イエス・キリストは、徴税人に対しては「決められた以上の税を取ってはならない」と諭し、ユダヤ教の聖職者に対しては暴利を貪っているとして激しく糾弾しました。

このイエス・キリストの教えを、ユダヤ人社会は当初受け入れることができずに、彼を処刑してしまいました。そのことが、後年、ユダヤ人へのさらなる迫害の口実になってしまうのです。

このように、ローマ帝国下では厳しい重税生活を強いられていたユダヤ人ですが、ヘロデ王の死後は、さらに過酷な存続の危機を迎えます。

ローマ帝国とユダヤ民族の関係が悪化し、紀元66年にユダヤ戦争が起こるのです。ユダヤ人が、重税によりローマ帝国に反感を抱いていたところ、ローマ帝国の総督がユダヤ神殿の宝物を持って行こうとしたことが、この戦争の発端とされています。

ユダヤ人たちは結束して抵抗しますが、相手は強大なローマ帝国です。紀元70年にはエルサレムが陥落し、ユダヤ人国家であるヘロデ国は消滅します。そして紀元72年には、ローマ皇帝ヴェスパシアヌスが、国を失ったユダヤ人に対してさらに特別税をつくりました。このユダヤ人特別税は、約300年の間、ユダヤ人を苦しめ続け、362年ユリアヌス帝によって廃止されました。

が、ローマ帝国が滅んで西ローマ帝国になった後の813年、ユダヤ人特別税が復活しました。しかもこのユダヤ人特別税は、以前よりさらに過酷なものでした。

ヘロデ国の消滅から1948年のイスラエル建国まで、ユダヤ人は国家を持たない離散の民となりますが、それはローマ帝国や、西ローマ帝国の重税から逃れるためでもあったのです。

この後、ユダヤ人は、ヨーロッパ各地やアラブ、アフリカ、アジアなど世界中に離散することになります。

ユダヤ人たちは、どこにいてもユダヤ教を手放さず、独特の生活習慣を守っていたため、しばしば迫害の対象となりました。ユダヤ人の居住を許している国でも、ユダヤ人の居住地域を定めたり、ゲットーと呼ばれる狭い地域に閉じ込めたりすることが多々ありました。

そして、頻繁に重い税が課されました。

特にキリスト教社会は、ユダヤ人に厳しくあたりました。

ユダヤ人が金貸しになった理由

ユダヤ人が重税を課せられたり、襲撃を受けたりしたのは、一つにはユダヤ人に金持ちが多かったという理由もあります。

ユダヤ人というのは、国を持たない放浪の民でありながら、昔から金持ちが多いことで知られています。

またユダヤ人には、「金貸し」や「両替商」などの金融業者が昔から多くいました。中世ヨーロッパでは、ユダヤ人は金融業者の代名詞のようにいわれていました。シェークスピアの『ヴェニスの商人』にも、シャイロックという狡猾《こうかつ》な金貸しのユダヤ人が登場します。

ユダヤ人が金融業者の代名詞のようになったのは、ユダヤ人のせいではありません。

実は、キリスト教もユダヤ教も、金貸しという職業は容認していませんでした。「貧しい者から貪ってはならない」という教えがあったのです。

しかし、古代からキリスト教徒にもユダヤ教徒にも金貸しはいました。そして現代と同様に、借金に苦しむ人たちも大勢いて、それはしばしば社会問題となったのです。

そういう背景のなか1139年の第二ラテラン公会議（キリスト教会の世界会議）で、キリスト教徒による高利金貸し業が禁止されました。これは、『新旧約聖書』に出てくる暴利を禁止する記述、たとえば「何もあてにしないで貸してやれ」（『ルカによる福音書』）などによるものです。

ユダヤ教でも『旧約聖書』に、「貧しい者には利子を取らずに貸してやらなければならない」という記述があり、建前上、利子を取ることは禁止されていました。

しかし、11世紀にフランスで、ユダヤ教のラビ（指導者）であるヨセフ・ベン・サムエル・トゥ・エレンが「我々ユダヤ人は、国王や貴族に税金を払わなければならないし、生活費を稼ぐためにも金貸し業は禁止しない」という旨の見解を出しました。それ以降、ユダヤ人は半ば公然と金貸し業を生業《なりわい》としだしたのです。

このころのユダヤ人居住区の中には、ほとんどの住人が金貸し業を営んでいたところもありました。ユダヤ人金貸し業は、最初は質屋のようなものから始められ、やがて宮廷や貴族へ貸し付ける者まで現れてきたのです。

キリスト教徒が金貸し業を禁じられても、融資が必要な人はいます。そういう人たちは、ユダヤ人から金を借りるしかありません。

ユダヤ人金貸しの利率は30～60％で、今の日本の消費者金融よりも高かったのです。これは、複利計算なので、少し返済が滞ると借りた金の数倍に膨れ上がります。当然、返済不能になったり、財産を巻き上げられる人も出てきました。そして、それはユダヤ人に対する憎悪になったのです。

この金貸しに対する憎悪が、ユダヤ人の追放にもつながります。

1275年、イギリスのエドワード1世は、ユダヤ人に対して金貸し業を禁止しました。その代わりに、農業やその他の産業に従事するように決めたのです。しかし、十分な土地を与えられず、商売をしようとしても、ギルドから締め出されたままだったので、ユダヤ人たちは生活するあてがなく、密かに金貸し業を続けました。それが国王の怒りにふれ、1290年、ユダヤ人のイギリスからの追放命令が下りました。ほかの西ヨーロッパ諸国も、イギリスに続いて、次々にユダヤ人を追放しました。

税を逃れるために開発した金融システム

現在、使われている金融システムには、ユダヤ人が開発・発明したものが多いです。たとえば、資本主義になくてはならない有価証券を発明したのもユダヤ人です。これらの発明は、実はユダヤ人が重税や略奪から逃れるために考え出されたものなのです。

ユダヤ人に金貸しが多かったのはすでに述べましたが、彼らは金を貸した際の借用書を債権として流通させました。そして借用書を売ったり、割り引いたりしたのです。それが西洋での有価証券の始まりだといわれています。

ユダヤ人にとって、有価証券というのは非常に大事な財産でした。いつ追い出されるかわからない、いつ財産を没収されるかわからないユダヤ人にとって、資産を「物」で持っていることは危険だったのです。物は奪われればおしまいだからです。

しかし有価証券ならば、それを持っている本人しか使えないものだから、奪われるという心配がなくなります。また追い出されるときにも、紙切れ一枚を持って行けば済むのです。ユダヤ人にとって、有価証券はトラベラーズ・チェックのようなものだったのです。

そのため、証券取引所が設置されたとき、もっとも積極的に参加したのはユダヤ人でした。イギリスで初めてプロの株式仲買人になったのも、ユダヤ人だといわれています。

また無記名債権を考え出したのもユダヤ人です。

中世から近代にかけて、ユダヤ人の財産は、税として急に没収されることがしばしばありました。特に地中海貿易では、スペイン海軍などは、船や船荷がユダヤ人のものだとわかると合法的に没収したのです。そのためユダヤ人は海上保険も含め、貿易関係のすべての書類に架空のキリスト教徒の名前を使うようになりました。これが、無記名債権へと発展していくのです。

第4章　イスラム帝国とモンゴル帝国の税金戦略

税を逃れるためのイスラム教への改宗

ローマ帝国の末期、突如、アラブ地域に巨大な勢力が出現します。イスラム帝国です。

西暦613年ごろ、メッカの商人だったマホメット（ムハンマド）は、ユダヤ教の『旧約聖書』をベースにしつつ、自分なりにバージョンアップした宗教「イスラム教」をつくります。このイスラム教は、瞬《また》く間に中東、北アフリカ、スペインを席巻《せっけん》しました。

このイスラム帝国は、教団と国家が完全に一致した「宗教国家」でした。だから、イスラム教が広まるとともに、国の勢力範囲も広がったのです。

現代の日本では、イスラム教というと古くさい宗教儀式のイメージが強いですが、当時の人々にとっては非常に「新しくて」「合理的」な宗教でした。

いろんな解釈が可能な『旧約聖書』と違って、イスラム教では「こういうときはこうするべき」という指針が明確に述べられていました。だから法秩序がきちんと整備されていなかった当時の人々には、社会秩序を保つための有効なアイテムでもあったのです。また禁酒や豚肉食の禁止なども、当時の衛生環境、社会状況から見れば、安全な社会をつくるための一つの有効な解決方法といえました。

このイスラム教は、もう一つ大きな魅力を備えていました。

それは、「税金が安い」ということです。

この時代、旧ローマ帝国の領民たちは重税に苦しんでいました。

当時、旧ローマ帝国の多くの地域で、土地税と人頭税が課せられていました。それは、キリスト教徒であれば、必ず払わなければならないものでした。

前述しましたように、ローマ帝国はキリスト教を国教としていました。ローマ帝国はキリスト教の教会と結び付くことで、過酷な税の徴収を行っていました。教会を通して「キリスト教の信者なら、税金を納めなければならない」と言われれば、キリスト教徒たちは税金を払わざるを得ません。

そのキリスト教徒たちに対して、マホメットは、「イスラム教に改宗すれば人頭税を免除する」と呼びかけました。そのため、人頭税に苦しんでいたキリスト教徒たちは、こぞってイスラム教に改宗したのです。

イスラム帝国の徴税業務は、征服地においても寛大なものでした。

たとえば、イスラム帝国の征服以前のエジプトでは、土地税を金貨、または銀貨で納めなければなりませんでした。イスラム帝国では、それを金貨・銀貨に限らず、領民の都合のいいもの（穀物など）で納めればいいということにしたのです。しかも、イスラム教徒がちょっとでも家畜の放牧などで使用した土地は、土地税を免除されました。

また人頭税は「異教徒の商人」だけに課せられるとし、イスラム教徒をはじめ、異教徒であっても農民には課せられませんでした。「異教徒の商人」も不景気のときには免除されました。

イスラム帝国の徴税業務に関する布告に、次のようなものがあります。

「彼らのところに行ったら、その財産を没収するようなことはするな。土地税の不足に充てるために、彼らの持ち物を売り払うようなことはするな。税金はあくまで余りのものだけから取るように。もし私の命令に従わなかったら神はお前を罰するだろう」

またイスラム帝国は、改宗しない者にも決して手荒なことはしませんでした。

キリスト教徒、ユダヤ教徒は「啓典の民」として、改宗の強制はされなかったのです。イスラム帝国が厳しく改宗を迫ったのは、「啓典の民」以外の「多神教」の者たちに対してなのです。

キリスト教徒、ユダヤ教徒は、「人頭税を納めること」「イスラム教徒の男性を打たないこと」「イスラム教徒の女性に手を出さないこと」「イスラム教徒の旅人を親切にもてなすこと」などを守っていれば、イスラム帝国内でも自由に安全に生活できました。

しかし、イスラム帝国では、イスラム教、ユダヤ教、キリスト教のすべての信徒の税金が平等ではありませんでした。

イスラム教徒には土地税が課されていませんでした。それを見た他宗教の人たちは、こぞってイスラム教に改宗しました。イスラム教徒が爆発的に増えた最大の理由はこの部分だといえます。つまり「税を逃れるために改宗した」というわけです。

が、その結果、イスラム教徒が激増したために税収が不足するようになりました。

また、マホメットの死後しばらくたつと、カリフと呼ばれた宗教指導者たちは税を徴収し、富を得ることにすっかり味をしめ、腐敗するようになっていました。

そのため、ローマ帝国の末期と同じような状態になってしまいます。

非イスラム教の人たちから厳しく税を取ったり、イスラム教に改宗した者からも税を取るようになったりもしました。

またカリフたちは、各地の行政官や軍司令官に、あの「徴税請負」をさせるようになります。ローマ帝国などで民衆に嫌われていたあの「徴税請負制度」が、イスラム帝国でも導入されたのです。もちろん、民衆は苦しむことになります。

そのうち徴税請負人たちの力が非常に強くなっていきました。そのため徴税請負人である行政官や軍司令官の取り分は80％で、残りの20％を上納すればいいということになってしまいました。

しかし、監督する者もいなかったので、徴税請負人たちは税を徴収し放題であり、しかもそのほとんどを自分たちで費消してしまいました。実際は、20％どころか5

%も上納していなかったという説もあります。

その結果、イスラム帝国は衰退し、モンゴル帝国が勃興したときに滅ぼされることになります。

世界経済を変えたモンゴル帝国

13世紀、世界を揺るがす出来事が起きます。

１２０６年、モンゴル帝国の出現です。

アジアの高原地域で遊牧民として暮らしていたモンゴル人たちは、圧倒的に強力な騎馬軍団を駆使し、瞬く間にユーラシア大陸を席巻。中国、中央アジア、中東、東ヨーロッパにまたがる大帝国を築き上げました。

モンゴル帝国が急拡大した理由は、もちろん、その戦闘能力にあります。

モンゴル地方の遊牧民というのは、もともと戦闘能力の高い民族でした。巧みに馬を乗りこなし、集団で急襲します。中国に万里の長城がつくられたのも、これら北方の遊牧民たちの侵入を防ぐのが、大きな目的だったほどです。

が、彼らは、各部族に分散していたため、それまでの歴史の中では、強大な軍事力のわりには、それほどの脅威にはなりませんでした。

その乱立した各部族を統一し、一つの国家にしたのが、かのチンギス・ハーンなのです。

もともと戦闘能力の高い民族が一致団結したのです。強国にならないはずがありません。たちまち周辺の国々を蹴散らしてしまい、あっという間にアジアのみならず東ヨーロッパをも手中に収めてしまったのです。

野蛮でやたら戦争が強いだけに見える彼らは、なかなかどうして、国家システムの構築も見事でした。

チンギス・ハーンのモンゴル帝国の政治経済の特徴は、ずばり「柔軟性」でした。彼らは、自分たちが政治、経済、文化などの面で、中国、ヨーロッパ、イスラムなどに後れを取っていたことを承知していました。そのため、自分たちの文化を占領地に押し付けるのではなく、占領地の文化を承認し、積極的に取り入れるという政策を行ったのです。

彼らは、基本的に現地の法体系、経済体系を尊重するという緩やかな占領政策を採ったので、朝貢的な税さえ払っていれば、占領地の人々は以前と同じ生活をすることができました。

また彼らは、占領地に宗教の自由を認めたので、ヨーロッパ、アラブに見られたような、宗教的な対立も影をひそめたのです。

が、もちろんモンゴル帝国は、そういう柔らかい政策だけで、勢力を拡大したわけではありません。敵地を攻略する際、激しく抵抗する都市に対しては、徹底的に破壊と虐殺を行いました。「抵抗するとどんな目に遭うか」ということを、敵に知らしめるためです。

その一方で、抵抗せずに降伏すれば、大した負担はしなくていいのです。

そのため、戦う前に降《くだ》る国も、後を絶ちませんでした。

モンゴル軍は、占領地にも最低限度の駐留軍しか置きませんでした。が、もし住民が駐留軍に対して危害を加えたり、蜂起したりするようなことがあれば、本隊を派遣し、徹底的な弾圧を加えたのです。

またモンゴル帝国は、世界的な流通革命も起こしました。

第5代皇帝クビライ・カーンの時代に、帝国内での関税を一元化したのです。

それまでは、貿易品が各都市の港、関所などを通るごとに、関税が課されていました。それをクビライ・カーンは、売却地で一回だけ払えばいいことにしたのです。

その税率も、3・3%と決して高くはありませんでした。

その結果、モンゴル帝国の時代、ヨーロッパ、中近東、東南アジア、中国の広大な地域において、自由な交易が行われるようになりました。

ヨーロッパとアジアの交易が盛んになるのは、モンゴル帝国以降のことなのです。

モンゴル帝国を崩壊させた脱税者「張士誠」

先進的な経済政策を採り、世界交易の発展をもたらしたモンゴル帝国ですが、その繁栄は100年しか保《も》ちませんでした。理由は諸々あるところですが、最大のものは「財政破綻」です。

チンギス・ハーンの死後、モンゴル帝国は、その子供たちによって分割統治されることになりました。彼らは、広大な帝国内から集まる朝貢による富の大きさに目がくらんでしまいました。そのうち、富を得ることにすっかり慣れてしまい、凄まじい浪費をするようになりました。

マルコ・ポーロの『東方見聞録』によると、モンゴル帝国の大ハーン（最高首長）であるクビライ・カーンの4人の皇后には、それぞれ1万人の召使いがいたとされています。またクリルタイと呼ばれる会議のたびに、各国王たちに莫大な報償が与えられました。

モンゴル帝国の政治経済の高級ポストは当然、モンゴル人たちが握っていました。ここにも、巨額の利権がありました。大臣や軍の幹部は、モンゴル人たちが独占していたのですが、その報酬が異常な高額だったのです。高位の大臣になると銀500両（百錠）のほか、絹6000匹（1匹は2反）などが与えられました。

そのため、モンゴル帝国の財政は火の車になっていきました。

モンゴル帝国の末期1311年の財政内容を見ると、歳入が約400万錠なのに対し、歳出が約2000万錠もありました。歳入の5倍の歳出があったのです。

モンゴル帝国がどうやってその財政赤字を補塡していたかというと、それは「塩」でした。彼らは塩を専売にして重要な財源としていました。塩の専売自体は、古代から中国で行われてきたことです。モンゴル帝国は、それを最大限拡大したのです。塩の専売方法として、各家庭に一定量の塩を配布し、その代金を税として取り立てる「食塩法」というのがありました。しかしモンゴル帝国は、財政悪化とともに、配布する塩に灰土《かいど》を混ぜて増量するなどのヤバいことをしていました。

また「食塩法」のほかに、商人に「塩引《えんいん》」という塩の引換券を渡し、独占的に塩の売買を行わせるという方法も採っていました。

塩の引換券である「塩引」は紙幣の代わりとしても使用されていました。モンゴル帝国は、この「塩引」を大量発行することで、財政収支を補塡していました。

塩を重要な財源とすることは、民にとっては非常に迷惑なことでした。人は塩を摂取しなければ生きてはいけません。海岸沿いに住んでいる人であれば、いざとなれば海水から塩分を摂るということができます。しかし海岸から遠いところに住んでいる人は、塩を誰かから購入しなければなりません。

中国の場合、海岸沿いに住んでいる人というのは、人口の一部だけです。多くの人は、海岸から遠く離れた内陸部に住んでいます。塩は買わざるを得ません。だから中国で塩に税金をかけると、政府は莫大な税収を得ることができます。

しかし、塩に多額の税をかけるということは、民衆から多額の税を取るのと同じです。金持ちも貧乏人も生きていくためには一定量の塩分が必要です。だから貧乏人であっても、塩を買わざるを得ないのです。

モンゴル帝国の場合、最終的には、財源に占める塩がらみの割合が80％に達していたとされています。もちろん、塩の価格は非常に高いものとなりました。

これには人々は非常に困りました。公定業者から買う塩の値段はべらぼうに高く、国から配布される塩には品質に問題があるのです。

そのため、塩を闇販売しようとする動きも生じてきます。「闇塩」の販売業者が現れるというわけです。この闇塩の業者は、中国には古来から存在しており、「塩《えん》徒《と》」と呼ばれていました。そして、この「塩徒」を取り締まる軍のことは「塩軍」

と呼ばれていました。

多数の庶民にとって、正規の塩は非常に高かったため、なかなか買えませんでした。だから「闇塩」は庶民にとっての命綱でもあり、安くて安全な「闇塩」を提供してくれる「塩徒」たちは、庶民にとっては正義の味方でもありました。

塩徒は、「闇塩」を扱うわけなのでならず者が多かったのですが、市場が大きかったために、彼らの勢力は急激に大きくなっていきました。そして塩徒の中には、政府に反旗を翻《ひるがえ》し武装する者もいました。

中国では、古来から塩徒が大きな勢力を持つということがありました。漢の時代からすでに塩に課税されていたため、闇塩の重要性は高く、世間における塩徒の存在も大きいものがあったのです。

塩徒の中には、国王にまでなる者もいました。前蜀《ぜんしょく》を建国した王建《おうけん》や、呉越《ごえつ》を建国した銭鏐《せんりゅう》も、元は塩徒だったのです。

そしてモンゴル帝国末期にも、そういう人物が出現したのです。

それは「張士誠《ちょうしせい》」という人物です。

この張士誠という人は、モンゴル帝国崩壊において重要な役回りを演じます。

張士誠は、泰州《たいしゅう》路《ろ》白駒《はっく》場（現在の江蘇《こうそ》省塩城《えんじょう》市）の出身です。この泰州路白駒場は、現在の地名が「塩城市」ということからもわかるように、古くから中国の重要な塩の産地でした。

張士誠も、もともとはこの泰州路白駒場で塩の仲買を営んでいました。が、やがて闇塩業者になったのです。腕っぷしが強い、海の男という感じの人物だったようです。

塩の売買には、様々な利権が絡んでおり、業者同士や地域同士のいざこざも絶えませんでした。また盗賊に襲われることもしばしばありました。だから、同業者で徒党を組み、武装することも普通に行われていました。

張士誠もそうやって同業者をまとめて徒党を組むうちに、反政府的な武装勢力の首領となっていきます。最初は、3人の弟を含む18人の集団にすぎませんでしたが、あっという間に数万人の規模に膨れ上がったそうです。

この張士誠の武装集団は、泰州路白駒場一帯を制圧し、1353年には長江・北岸の要衝の地「高郵《こうゆう》」を攻め落としました。このとき、張士誠は自らを「誠王」と名乗り、国号を「大周」とし、年号を「天祐」と定めました。

もちろん、モンゴル帝国は大部隊の追討軍を派遣します。が、張士誠は辛くもこの追討軍を退けます。

闇塩の儲けでかなりの軍備を施していた張士誠に対し、モンゴル帝国の追討軍は、各地からの寄せ集めの軍であり、統制が取れておらず、士気も低かったのです。

1356年には、長江《ちょうこう》を渡って平江《へいこう》を制圧しました。平江というところも、塩の重要な産出地でした。「塩徒」である張士誠は、塩の重要産地をめがけて攻略していったのです。

この平江の占領は、モンゴル帝国に大きな打撃を与えました。

平江の占領により、張士誠は淮南《わいなん》、淮北の「両淮」を支配下に収めることになりました。淮南、淮北というのは、中国第三の河「淮河《わいが》」の両岸の地域のことです。

この地域は、古代から中国最大の塩の産地でした。10世紀ごろの統計によれば、全国の塩の半分以上を、この地域で生産していました。もちろんモンゴル帝国にとっては財政上の最重要地域でした。その地域を、張士誠がまるごと奪い取ったのです。

先ほども述べましたように、当時のモンゴル帝国の財源の8割を塩が占めていました。最大の塩の生産地を取られるということは、もっとも大きな財源を失うということと同じです。この時期、モンゴル帝国は急速に勢いを失いますが、それはこの張士誠の「両淮占領」が少なからず影響しているのです。またこの重要な地域を、一豪族に奪われてしまうということは、モンゴル帝国の軍事力が弱体化しているということでもあります。

しかし張士誠にとっては残念なことに、モンゴル帝国の衰退と同時に「朱元璋《しゅげんしょう》」が瞬く間に勢力を拡大していました。朱元璋というのはモンゴル帝国末期の豪族で、後に中国を支配することになる「明《みん》帝国」の始祖です。

すでに大勢力を築いていた朱元璋は、張士誠に対し「配下として共にモンゴル帝国と戦ってくれ」と要請します。朱元璋に対抗意識を持っていた張士誠は、朱元璋の配下になることを善《よ》しとせず、こともあろうにモンゴル帝国に降《くだ》りました。

モンゴル帝国は張士誠を受け入れ、高級官吏として遇します。

が、モンゴル帝国の命運はすでに尽きかけており、ほどなくして朱元璋は中国全土を制圧し、明帝国をつくります。張士誠は最後まで朱元璋に抵抗しますが、最終的には滅ぼされます。

とにもかくにも、塩税の脱税者である張士誠が、モンゴル帝国崩壊に大きな影響を与えたことは間違いないのです。

イスラム改宗割引があったオスマン帝国の税制

一方、分裂し、勢力を弱めていたイスラム圏でしたが、マホメットの死後、600年を経て、初期イスラム帝国の性質を色濃く受け継いだ大帝国が誕生します。

それがオスマン帝国です。

オスマン帝国というのは、1299年、小アジアのオスマンという小さな豪族から発展してできた国家です。14世紀から15世紀前半に、領土を大幅に拡大、1453年にはビザンツ帝国の首都コンスタンチノープルも攻略し、ローマ帝国の末裔《まつえい》を根絶させました。

これはキリスト教世界に大きな衝撃を与えました。

その後、バルカン半島にも進出し、16世紀はじめにエジプトのマムルーク朝を支配下に置きました。

オスマン帝国は全盛期には、現在のウクライナなどの東ヨーロッパからアラブ、西アジア、北アフリカにまで及ぶ大帝国となっていました。現在の中近東全域は、オスマン帝国の支配下にあったのです。

このオスマン帝国も、イスラム帝国の税制を引き継いでいました。

オスマン帝国は、バルカン半島などキリスト教徒が多い地域も支配下に置いていました。しかも改宗を強制しなかったので、キリスト教徒のままでよかったのです。またユダヤ教徒も同様でした。

だから、オスマン帝国の支配地域では、イスラム教徒だけでなく、キリスト教徒、ユダヤ教徒も共存していたのです。

ただし、イスラム教徒と非イスラム教徒の税金には、イスラム帝国時代と同様に、若干の違いがありました。税制は地域によって異なりましたが、どの地域でもイスラム教徒の税金の方が若干、安くなるように設定されていたのです。

また非イスラム教徒は、支配層になることはできませんでした。イスラム教徒の支配層には免税の特権がありました。その特権が欲しいために、キリスト教徒やユダヤ教徒が、改宗するケースが少なくありませんでした。

バルカン半島のキリスト教地域で、14世紀から18世紀にかけてだいたい20%の人々が、イスラム教に改宗したとみられています。

第5章　ヨーロッパ国王たちによる教会税の脱税

ヨーロッパ国王たちを苦しめた教会税とは？

ヨーロッパの税金を語るうえで、欠かせない税金に「教会税」があります。

カトリックのキリスト教徒たちは、教会に必ず教会税を払わなくてはならなかったのです。

この教会税は、キリスト教徒たちの負担になっており、古代から現代までのキリスト教徒たちの生活に大きな影響を与えてきました。

それどころか、ヨーロッパ諸国の歴史にも大きな影響を与えてきたのです。この教会税があるために、国が民から税を十分に取れず国家財政が厳しくなり、政権が倒れたり、国の制度が大きく変わったりしたケースが多々あるのです。

教会に税金を払うというと、我々日本人から見れば、奇異な感じを受けます。

「宗教団体に寄付をする人はいるけれど、宗教団体が税金を取るなどというのは、おかしいのではないか？」

日本人なら、そう考える人が多いはずです。

このキリスト教の教会税も、最初から「税」だったわけではありません。キリスト教の歴史の中で、だんだん税になっていったのです。

教会税にもいろいろありますが、その代表的なものは「10分の1税」というものです。この10分の1税というのは、自分の収入の10分の1を税として納めるというものです。

この10分の1税は、『旧約聖書』にその起源があります。

『旧約聖書』というのは、もともとはユダヤ教の聖典ですが、キリスト教、イスラム教の聖典でもあり、この三つの宗教のもっとも基本的な教義を記したものです。

この『旧約聖書』には、古代ユダヤ人たちが収穫の10分の1を会堂に献納していたことが記されています。たとえば、「創世記」には人類の祖とされるアブラハムが分捕り品の10分の1を司祭王メルキセデクに捧げたと書かれています。またアブラハムの子孫たちも、収穫物の10分の1を聖職者に貢納したと書かれています。

それらの記述により、ユダヤ人には、収入の10分の1をパレスチナの会堂に納めるということが、だんだん義務になっていったのです。

そしてキリスト教というのは先ほども述べたように、ユダヤ人のイエス・キリストがユダヤ人社会で広めた教えです。キリスト教は、ユダヤ教から大きく変革した部分もありますが、基本的な構造は似ていました。どちらも、同じ『旧約聖書』を聖典としていますので、当然といえば当然です。

そして10分の1税も、そのまま慣習として引き継がれたのです。

利権化する教会税

この10分の1税は、当初は、ユダヤ教徒やキリスト教徒の自発的な義務でした。が、キリスト教がヨーロッパに広く普及し、教会組織が大きくなってくると、10分の1税はキリスト教徒における「明確な義務」とされるようになっていきました。

まず585年に、フランク王国において、第二マコン教会会議というキリスト教の会議が行われました。この会議上で、「10分の1税」がキリスト教徒の義務として明文化されました。

10分の1税を納めない者には罰則さえ与えられるようになりました。罰則には教

教会税の使途

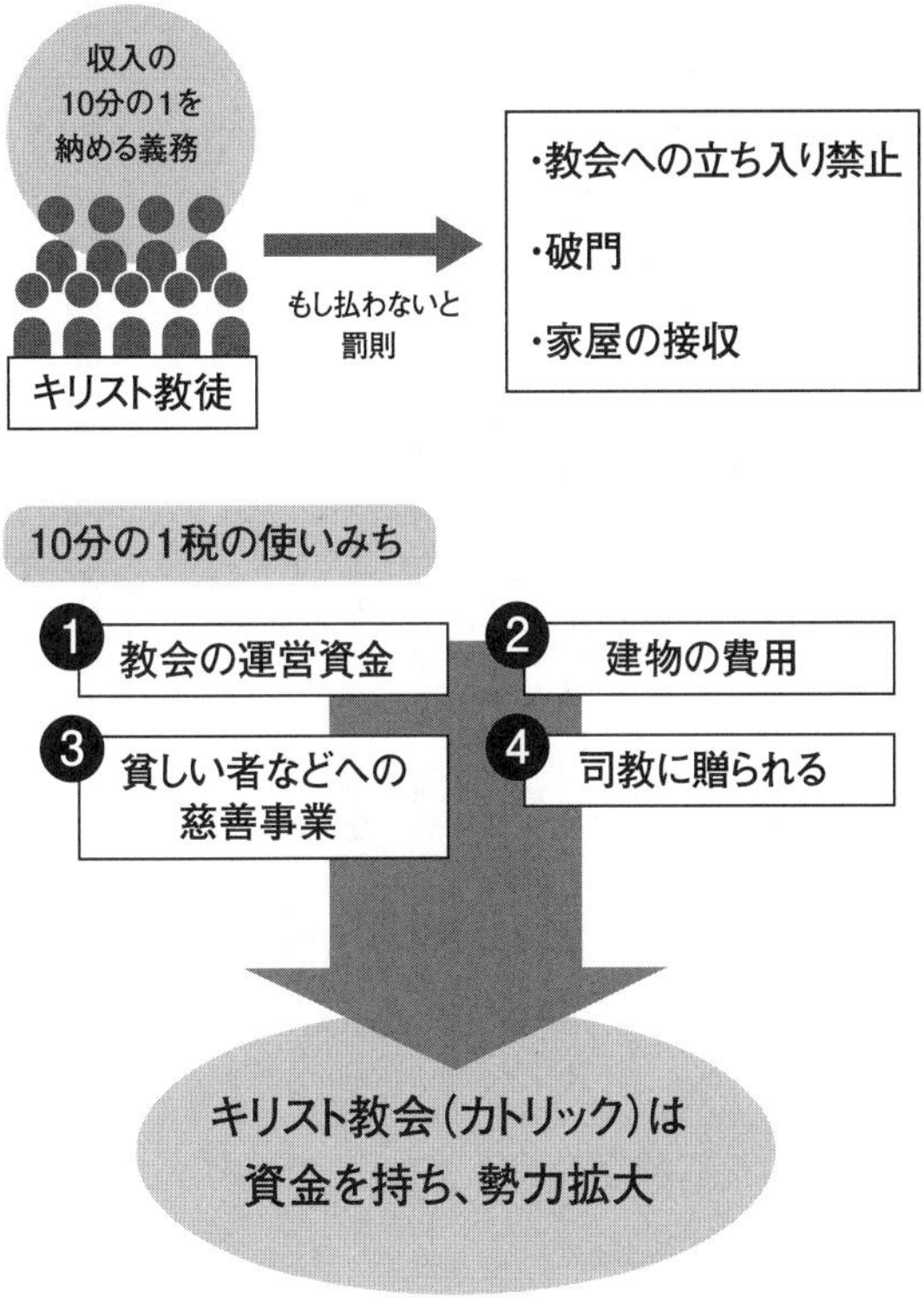
収入の
10分の1を
納める義務
キリスト教徒
もし払わないと
罰則
・教会への立ち入り禁止
・破門
・家屋の接収
10分の1税の使いみち
1 教会の運営資金
2 建物の費用
3 貧しい者などへの
慈善事業
4 司教に贈られる
キリスト教会（カトリック）は
資金を持ち、勢力拡大

会への立ち入り禁止、破門、はては家屋の接収までありました。

そして、10分の1税の使途も明確化されるようになりました（111ページの図参照）。

10分の1税は四分割され、一は現地の教会の運営資金、一は建物の費用、一は貧しい者などへの慈善事業、一は司教に贈られるということになっていました。司教というのは、地域の教会を管轄する本部のようなものです。

これは教会だけで決められた税ではなく、国家的に認められた税になりました。

ローマ帝国がキリスト教を国教と認めて以降、ヨーロッパ諸国の多くの国がキリスト教を国教としてきましたので、必然的にそういう流れになったのです。

現在の西ヨーロッパ諸国の元となる国、フランク王国のカール大帝は、779年に「国民は教会に10分の1税を払わなくてはならない」と明言しています。

そして納税の方法も細かく定め、「証人の前で自分の収穫の10分の1を分割しなければならない」としました。つまりは、自分の申告が正しいかどうか証人の前で証明しなければならないわけです。

国王がそういうことを言っているのですから、もう完全に「強制税」となったわけです。

そして、この10分の1税により、キリスト教会（カトリック教会）は潤沢な資金を持つことになり、それは勢力拡大につながりました。

この教会税が、税として社会に確立していくうちに、「教会ビジネス」といえるような動きも出てきました。というのも、教会のない地域に教会をつくれば、10分の1税などの教会税を徴収できるのです。教会税の大半は、税を徴収した地元の教会に入ります。司教に「上納」するのは、教会税の4分の1だけです。

だから、地域の有力者や、少し金を持っている者が、新たに教会をつくるようなことも生じ始めました。

そのうち、教会同士による教会税の縄張り争いのようなことも生じてきました。するとキリスト教の司教たち（上層部）は、地域の教会同士の縄張りを決め、「新しくできた教会は、元からあった教会の10分の1税を横取りしてはならない」などの規則が定められました。

また貴族たちが教会を私有し、10分の1税の徴収権を得るということも、よく起こるようになりました。やがて、10分の1税は、それ自体が債権のように扱われるようにもなりました。教会が、自分の地域の「10分の1税を徴収する権利」を売り出すのです。

かのシェークスピアも、老後の生活のために10分の1税の債権を購入したといわれています。

世界中を不幸にした教会税

この教会税は、キリスト教普及の原動力ともなりました。

新しい教会をつくれば、地域から教会税を徴収できるのですから、まだ教会がない「未開の地」に、どんどん教会が建てられていくことになります。教会を建てる側には「これはキリスト教の布教のためだ」という大義名分があります。教会税利権が欲しくて教会を建てていても、「人のためになっている」と自分自身に言い訳できるのです。だから良心の呵責《かしゃく》などもなく、貪欲に教会を建てることができるわけです。

この「教会を建てれば徴税権が生じる」という「教会税システム」は、やがて人類に大きな災いをもたらすことになります。というのも、この「敬虔《けいけん》なキリスト教徒たち」が、ヨーロッパ内に飽き足らず、世界中に教会を建て始めたからです。

ご存知のように、15世紀から17世紀にかけて、スペインやポルトガルなどが新しい航路をどんどん開拓し、世界中に植民地を建設します。いわゆる大航海時代です。

この大航海時代は、「アジアの香辛料を求めていた」というのが最大のモチベーションでした。が、もう一つ、「キリスト教の布教」ということも、彼らの大きなモチベーションだったのです。

15世紀、ポルトガル、スペインは、羅針盤、造船技術などの発達により、世界各地への航路を開拓しました。

この大航海時代は、ポルトガルのエンリケ航海王子など国家的スポンサーなしではあり得ませんでした。つまり彼らの大航海は国家事業でもあったのです。

そして、この国家事業にはキリスト教の布教が付随していたのです。

1493年、ローマ教皇は「アメリカ大陸は、スペインとポルトガルの二国で半分ずつ分け合いなさい」という命令を出しました。

これは、スペインとポルトガルの間で締結されたトルデシリャス条約と呼ばれるものです。この条約は西経46度37分を境界にして、世界をスペイン、ポルトガルの両国で二分するというもので、形式の上ではアメリカ大陸のみならず、全世界が二分されることになっていました。そのため当時、日本もこの両国に分割されたことになっているのです。

このローマ教皇の傲慢ともいえる命令には、「キリスト教の布教」という大義名分がありました。「未開の人々にありがたいキリスト教を教えてあげなさい」ということです。

そして、未開の地に教会を建てれば、そこで徴税権が発生するわけです。

ローマ・カトリック教会としても、信者は増えるし、上納金も増えるので、万々歳だったのです。

しかし、不幸なのは現地の人々です。

スペインなどは、教会税を拡大解釈し、アメリカ大陸で植民政策を進めるために「エンコミエンダ（信託）」という制度を採りました。

「エンコミエンダ」とは、スペインからアメリカ大陸に行く者に現地人（インディオ）をキリスト教徒に改宗させる役目を持たせ、その代わりに現地での自由な徴税権を与えるというものです。

ざっくりいえば、「キリスト教の布教」という建前を掲げることで、現地人からどれだけ収奪してもいいという許可を与えたのです。

だからアメリカ大陸に渡ったスペイン人たちは、「キリスト教布教」を隠れ蓑《みの》にして、収奪と殺戮《さつりく》を繰り返しました。

アメリカ大陸ではたくさんの鉱山が発見されましたが、そこから採れた金銀はすべてスペインが持ち帰りました。それだけではなく、鉱山開発には多くのインディオたちが奴隷労働を強いられたのです。

その結果、１４９２年からの２００年間で、インディオの人口の90％が消滅したといわれています。

この時代、スペインやポルトガルなどは、競ってアフリカやアジア、アメリカに侵攻し、過酷な略奪行為をしました。彼らとて、単なる略奪では気が引けます。が、彼らには「キリスト教の布教」と「教会税の徴収」という便利な大義名分があったのです。だからこそ、思う存分、略奪ができたわけです。

教会税に苦しむヨーロッパの国王たち

この10分の1税には、そもそも大きな欠陥がありました。

それは、貧しい人の負担が大きいということです。

富める人も貧しい人も、同じように10分の1だから一見、公平のように見えます。ですが、食うや食わずの収入しかない人と、有り余るほどの収入がある人とでは、同じ10分の1でもまったく負担感が違います。

たとえば、年収1億円の人が10分の1税を払う場合は、貯蓄の中から払うことができるはずです。しかし、年収２００万円の人が10分の1税を払う場合は、自分の生活費を切り崩して払うことになるはずです。

現代の主要国の税制では、この欠陥を補うために、累進課税という制度が採り入れられています。累進課税というのは、収入の多い人ほど税率が高くなるという制度です。

が、昔は累進課税の制度はなかったので、誰もが一律に10分の1を払っていたわけです。

またこの10分の1税というのは、中世のヨーロッパ諸国にも大きな負担になっていました。というのも、市民のほとんどが教会に10分の1税を払っているので、国家が国民から税を取る余地があまりないのです。市民は、教会に10分の1税を払っているのだから、それ以上、国に税金を払うような余裕がないわけです。

ヨーロッパの国王というと、「絶対王政」などという言葉があるように、絶対的な権力を持ち、潤沢な経済力を持っていたようなイメージがあります。

しかし、実は必ずしもそうではありませんでした。

中世ヨーロッパの王たちは、財政的には非常に脆弱《ぜいじゃく》だったのです。

まず教会に10分の1税が取られます。だから、民衆にはあまり多くの税を課すことができません。そのため税収は国王の直轄領に頼ることになりますが、これがそれほど広くはなかったのです。中世ヨーロッパ諸国では、国全体が王の領土ではなく、教会、貴族、諸侯が、それぞれ領地を持っており、したがって国王は財源がなくなると直轄地を売却したりしていたのです。

しかも中世から近世にかけて、ヨーロッパの国王たちは、戦争に明け暮れていました。戦争時に特別に税を課すこともありましたが、庶民や貴族、諸侯などの反発もあり、そうそう課税できるものではありません。

だから、中世のヨーロッパ諸国の税金というのは、関税や間接税が主体となっていました。が、それだけではとても税収が足りません。

そのためヨーロッパ各国は、どうにかして教会への教会税を逃れる方法がないものかを模索するようになりました。

なぜフランスはローマ教皇を幽閉したのか？

この教会税をめぐっては、世界史に残る大きな事件も数多く生じています。

14世紀には、フランス国王がローマ教皇を自国に幽閉するという事件が起きます。ローマ教皇というのは、ローマ・カトリック教会のトップです。これを誘拐するのですから、もちろん歴史的な大事件です。

「教皇のバビロン捕囚」

といわれているこの事件も、最大の要因は実は教会税なのです。

事件の経緯をご説明しましょう。

14世紀の初頭、フランスでは、カペー朝フィリップ4世が国家統一を成し遂げつつありました。このフィリップ4世は、イギリスと激しく対立しており小競り合いが絶えませんでした。そのため、イギリスとの軍費を調達するために、フランス領内にある教会領に課税しようとしたのです。

が、ローマ教皇のボニファティウス8世は、フランスでの教会領への課税を認めませんでした。1302年、フランスに課税禁止の通知をしてきたのです。するとフィリップ4世はフランス国民がカトリック教会に納めていた10分の1税の支払いを停止させました。フランス国民も、教会に払う10分の1税が負担になっていたので、フィリップ4世を支持したのです。が、ローマ教皇のボニファティウス8世は、腹の虫がおさまりません。今度は、フィリップ4世に対して、教会からの破門をちらつかせ始めるのです。

これに対してフィリップ4世はどういう行動を取ったかというと、なんと、ローマ教皇ボニファティウス8世を誘拐したのです。

1303年9月のことです。

フィリップ4世の顧問であるギヨーム・ド・ノガレに率いられた誘拐団が、ローマ郊外のアナーニにいたボニファティウス8世を急襲しました。

不意をつかれたボニファティウス8世はあっさり誘拐され、そのまま幽閉されてしまいます。そして誘拐団は、ボニファティウス8世に退位を迫りました。退位を承諾しないボニファティウス8世に対して、誘拐団はこの場で殺してしまうか、フランスに連れ去るかを検討していました。

そうこうしているうちに、ローマの市民たちがボニファティウス8世の救出に動き、間一髪のところで助け出されました。が、ボニファティウス8世は1か月後に持病の結石で急死してしまいました。誘拐のストレスが大きかったともいわれています。

ボニファティウス8世の死後、フランスはローマ・カトリック教会にフランス人の教皇を選出するように強く働きかけました。

当時、フランスはローマ教会の中で大きな影響力を持っていました。中世フランスは敬虔なクリスチャンの国であり、フランス人の枢機卿《すうききょう》も多かったのです。枢機卿というのは、教会の最高顧問たちのことで、教皇の選挙権を持っています。

そして、ついに1305年には、フランス人のクレメンス5世がローマ教皇となりました。フランスは、このクレメンス5世に対し、教皇庁をフランスに移すようにと働きかけます。

1309年、このクレメンス5世が、フランス国王フィリップ4世の要請を受けて、教皇庁を南フランスのアヴィニョンに移すのです。

カトリック教会における「遷都」のようなものです。これにより、フランスからローマに送られていた教会税は、フランスにとどまることになったのです。

「フランス、ここまでやるか?」

という感じですが、それほど教会税が負担になっていたということでしょう。

カトリック教会の歴史観においては、この出来事は「ローマ教皇がフランスに幽閉された」ということになっており、「バビロンの捕囚」というような言い方をされますが、クレメンス5世は別に誘拐されたわけではなく、自ら進んでフランスに赴いたのです。

そして、その後1377年までの68年間にわたって、教皇庁はフランス・アヴィニョンに置かれたのです。つまり、この期間はローマ教皇庁ではなく、フランス・アヴィニョン教皇庁だったのです。この68年の間に、教皇は6回交替していますが、いずれもフランス人でした。

当然のことながら、ローマは猛反発しました。

教皇庁がフランスに移されたといっても、ローマの教皇施設はそのまま残っていますし、関係者も大勢います。ローマという街自体が教皇庁で保《も》っていたような場所です。

そのため、ローマ派とフランス派による、カトリック教会の大分裂の危機となりました。

フランス・アヴィニョン教皇庁７代目の教皇であるグレゴリウス11世は、さすがにこの重大危機を感じ、フランスの猛反対を押し切ってローマに帰還します。

これで、一応、ローマ教皇庁の復活ということになりました。

が、今度はフランス側が猛反発しました。

フランスは、教皇のローマへの帰還を認めず、別のフランス人の教皇を立て、引き続き「教皇庁はアヴィニョンにある」ということにしました。

つまり、カトリック教会の教皇庁が二つに分裂したのです。

この状態は40年近くも続きました。ようやく1417年の公会議（カトリック教会の世界会議）により、事態の収拾が図られました。

この会議により、ローマを唯一の教皇庁とするということが決定されましたが、教皇庁の権限よりも、「公会議」の権限を優先するということが新たに定められました。公会議とは、世界中のキリスト教会の代表者が集まる会議のことです。これ以前は、カトリックにおいては、公会議よりもローマ教皇庁の方が強い権限を持っていたのです。

1309年のアヴィニョンへの「遷都」から実に100年以上にわたって、フランスはローマ教皇庁と対立し続けたわけです。

その最大の理由は、教会税だったのです。

国教会をつくったイギリスの思惑

フランスとは別の方法で、教会税から逃れようとした国もあります。

それはイギリスです。

16世紀前半、ヘンリー8世の治世当時、イギリスのキリスト教徒たちは当然のように10分の1税を払っていました。これは4分割され、その一分はイギリスからローマの教皇に贈られていました。

税収不足に悩んでいたヘンリー8世は、この「10分の1税」に着目しました。当時、キリスト教社会は、「宗教改革」に揺れていました。

1517年、ドイツの神学者マルティン・ルターなどが、教会の形骸化した教義を元に戻し、聖書に立ち返ることを旨とした改革運動を起こしたのです。

この「宗教改革」によりキリスト教会は二つに分裂し、今までのものが「カトリック教会」、新しくできたものが「プロテスタント教会」になりました。

この宗教改革の大きなきっかけは、あの有名な「免罪符」でした。

教会に寄付をすれば、すべての罪を許してもらえるという、どう考えても罰当たりなあの制度です。キリスト教会は、それまでも、十字軍の遠征費用などを捻出するために、免罪符を発行してきましたが、16世紀の初頭に、イタリアの聖ピエトロ大聖堂の建設費を集めるという名目で、大々的に免罪符が発行されたのです。

前々から免罪符のことを「おかしい」と思っていた人たちはたくさんいたわけで、そういう人たちが、このときに爆発したのです。

もともと教会は、世界中のキリスト教徒から10分の1税を徴収しており、莫大な収入があったはずなのです。にもかかわらず、免罪符などという罰当たりなものを発行したものですから、怒りが爆発したのです。

イギリスのヘンリー8世は、この機を逃しませんでした。

ヘンリー8世は、1534年、イギリス国教会という新しい教会をつくり、「国王至上法」により、自分がイギリス国教会の最高位者であると宣言したのです。

これにより、ヘンリー8世はイギリスのキリスト教会の財産をすべて手中にすることができました。10分の1税も、自分に納めさせるようにしたのです。

「ヘンリー8世は、スペイン王女カサリンとの離婚問題のためにローマ教皇から破門された。そのため、ヘンリー8世はイギリス国教会をローマ教会から離脱させた」と世界史の教科書には載っています。

しかし、実はこのヘンリー8世の破門は、単なる口実でした。

簡単にいえば、ヘンリー8世は、ローマ教会から破門されるようにわざと自分から仕向けて、ローマ教会とイギリスの関係を絶ち、ローマ教会の収入を奪った、ということです。

ヘンリー8世が、カサリンとの離婚を認めるようにローマ教皇に求めたとき、すでに両者の関係は悪化していたのです。というのも、ヘンリー8世自身は、ローマ教会への10分の1税の支払いをやめていたからです。

当然のことながら、そういう状況で、ローマ教皇から色よい返事が来るわけはありません。案の定、離婚は認められず、破門されてしまったのです。

ヘンリー8世としては、思惑どおりとなったというわけです。

第6章　大航海時代は関税を逃れるために始まった

「公海」の概念をつくったイギリスの脱税取り締まり

古代から中世にかけての脱税方法の一つに「密貿易」があります。

近代になって「自由貿易」が国際的な慣例になるまで、関税は国家の重要な財源でした。特に中世ヨーロッパの国王たちは、税収を得るためと自国の産業を守るために、主要な商品に高率の関税をかけていました。

その高い関税から逃れるために、古代から中世まで、密貿易が盛んに行われていました。

中世から近世にかけてのヨーロッパの密貿易は、今のような、ごく一部の反社会的な人々が行うというものではなく、「密貿易産業」のようなものが存在し、市民もそれを受け入れていました。

中でも、イギリスは密貿易の主役でした。

イギリスでは、「羊毛の輸出」と「ワインの輸入」に高率の関税をかけていました。

羊毛は中世から近世にかけてイギリスの重要な輸出品であり、これに高い関税をかけることで多くの税収を得ようとしたのです。また、当時イギリスは莫大な量のワインを輸入しており、これまた関税をかけることで大きな税収を得られるはずでした。

しかもワインはフランスの主力産品であり、これに高い関税をかけることで、フランスが潤うのを阻止し自国のワイン業者を保護するという狙いもありました。

テューダー王朝（1485～1603年）の時代、ワインの関税は通常は一樽あたり3シリングでしたが、フランス産のワインの場合、その10倍以上の一樽あたり50シリング4ペンスを課していました。その結果、フランス産ワインの販売価額の80％は関税でした。つまり、フランス産ワインは、関税によって本来の価格の5倍で販売されていたというわけです。

この高額な関税は、密貿易者にとって魅力的なものでした。

フランスからワインを密輸して仕入れ値の2倍で販売しても、正規の価格の半分以下なのです。もちろん、飛ぶように売れたはずです。

その後、イギリスでは、17世紀後半から19世紀前半にかけて、さらに多くの商品に高い関税がかけられるようになりました。

主なものは、茶、タバコ、蒸留酒（ブランデーなど）です。

もちろん、これらの商品も、大規模に密輸されることになりました。

特に、イギリス国民の生活習慣に根付いた「お茶」は大量に密輸されていました。

当時のお茶のほとんどは、中国などのアジアから輸入されており、東インド会社が独占的に取り扱っていました。しかし、密貿易者による輸入が激増し、１７８４年には東インド会社の正規の茶の輸入量の３倍の密輸茶が、イギリスで消費されていたと推計されています。

もちろん、イギリスの税務当局もただ手をこまねいていたわけではありません。

１６９９年には、税関と海軍の巡視船がブリテン島とアイルランドの沿岸を巡航することが決められました。そして密貿易船を発見した場合には、積み荷を没収したうえに、３倍の額の罰金が科せられました。

密貿易は、沿岸に乗りつけるのではなく、海上で密貿易船同士がやり取りするケースも多いものでした。彼らは約束した取引相手を探すために洋上をうろうろし、相手を見つけると海の上で密貿易品を交換するのです。

そのため、「洋上徘徊《はいかい》防止法」という法律がつくられ、沿岸警備隊は、洋上をうろうろしている船を臨検できるようになりました。このイギリスの海上臨検が、世界に「公海」や「領海」という概念をつくることになります。

イギリスでは、19世紀には臨検する範囲として、国内船は100リーグ（300海里）まで、外国船は１リーグ（３海里）までと定められていました。

が、これは、イギリスが勝手に決めたものです。

当時は、海はその国の領土ではないので自由に航行できるという社会通念がありました。そのため臨検を受けた外国船は、たびたびイギリスに抗議をしました。特に、海洋大国だったオランダは、イギリスに対して強硬に抗議をしました。

その結果、国の主権が及ぶ「領海」や、自由に航行できる「公海」の概念がつくられるようになりました。

現在、国際法では沿岸から12海里までが領海ということが定められていますが、この基準も、元はといえばイギリスの密輸船の取り締まりが起源となっているのです。

「大航海時代」は関税を逃れるために始まった

スペインやポルトガルが、世界中の航路を切り開いた大航海時代。

この大航海時代は、実は「関税」を逃れる目的も持っていました。

当時のヨーロッパ諸国は、アジアからもたらされる香辛料（スパイス）を求めていました。料理に様々なバリエーションを与えるスパイスは、中世ヨーロッパの貴族階級にとっては欠かせない食材だったのです。また香辛料には解毒作用などを持つものもあり、様々な薬の原料としても使用されていました。

この香辛料を得るために、ヨーロッパ諸国は非常に苦労していました。

というのも、アジアのものをヨーロッパに取り寄せるためには、当時の流通ルートの場合、中近東を経由することになります。

中近東には、前述した巨大な帝国オスマン帝国が誕生していました。

このオスマン帝国はヨーロッパのキリスト教諸国とは、敵対に近い関係にありました。特に、すぐ近くにあるスペイン、ポルトガルとは仇《かたき》同士の関係でした。

当然のことながら、オスマン帝国を通ると、輸送が非常に高くつきました。「コショウ1gは銀1gと同じ」とさえいわれていたのです。

当時オスマン帝国も、ほかのヨーロッパ諸国と同様に「関税」が財政の大きな柱になっていました。

オスマン帝国では、輸入に関して5%、輸出に関しては2~5%の関税をかけていました。非イスラム国の商人の場合は、輸出の関税は最高税率の5%が課せられました。

香辛料はオスマン帝国に一旦輸入された後に輸出されることになるので、最低でも10%の関税がかかることになります。

しかも、オスマン帝国は食料原料などの輸出には高い関税をかけており、特に香辛料はヨーロッパ諸国がこぞって欲しがったことから、相当に高い関税をかけていました。ヨーロッパへの香辛料の関税率がどの程度だったのか正確な資料は残っていません。が、「コショウ1gは銀1gと同じ」と称されていたほどですから、相当に高かったことは間違いないことでしょう。

スペインやポルトガルは、どうにかしてオスマン帝国を経ずにアジアと交易する方法を模索しました。そうして考えついたのが、オスマン帝国を回避して、アジアと直接貿易をする「大航海」でした。


まずポルトガルの冒険家がアフリカへの航路を開拓していきました。

１４８８年には、ポルトガルのバルトロメウ・ディアスがアフリカ南部の喜望峰に到達しました。そして１４９８年には、同じくポルトガルのヴァスコ・ダ・ガマがアフリカの喜望峰を回ってアジアにたどり着くことに成功しました。

一方アフリカ航路開拓でポルトガルに後れを取っていたスペインは、ポルトガルから断られたコロンブスのインド航路開拓のスポンサーとなります。コロンブスが開拓しようとしたインド航路というのは、大西洋を西へと進んで、地球の裏側からアジアに達しようとするルートです。

当時、すでに地球は丸いということは知られていました。まだ地球を一周した者

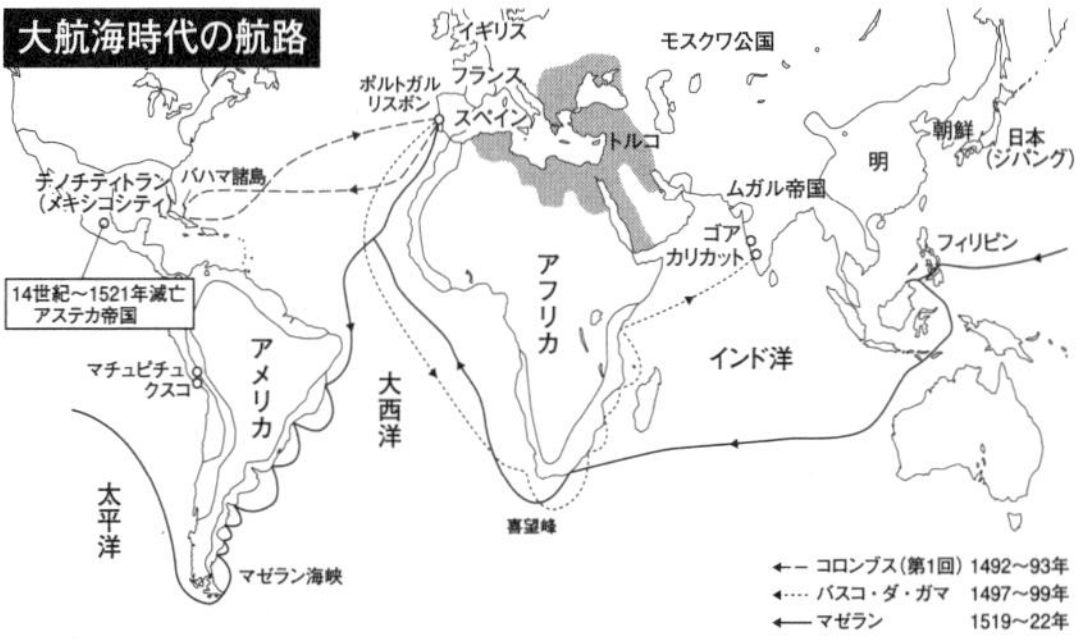
大航海時代の航路
イギリス
モスクワ公国
ポルトガル
リスボン
フランス
スペイン
トルコ
朝鮮
日本
(ジパング)
明
テノチティトラン
(メキシコシティ)
バハマ諸島
ムガル帝国
ゴア
カリカット
フィリピン
14世紀〜1521年滅亡
アステカ帝国
アフリカ
インド洋
マチュピチュ
クスコ
アメリカ
大西洋
太平洋
喜望峰
マゼラン海峡
コロンブス(第1回) 1492〜93年
バスコ・ダ・ガマ 1497〜99年
マゼラン 1519〜22年

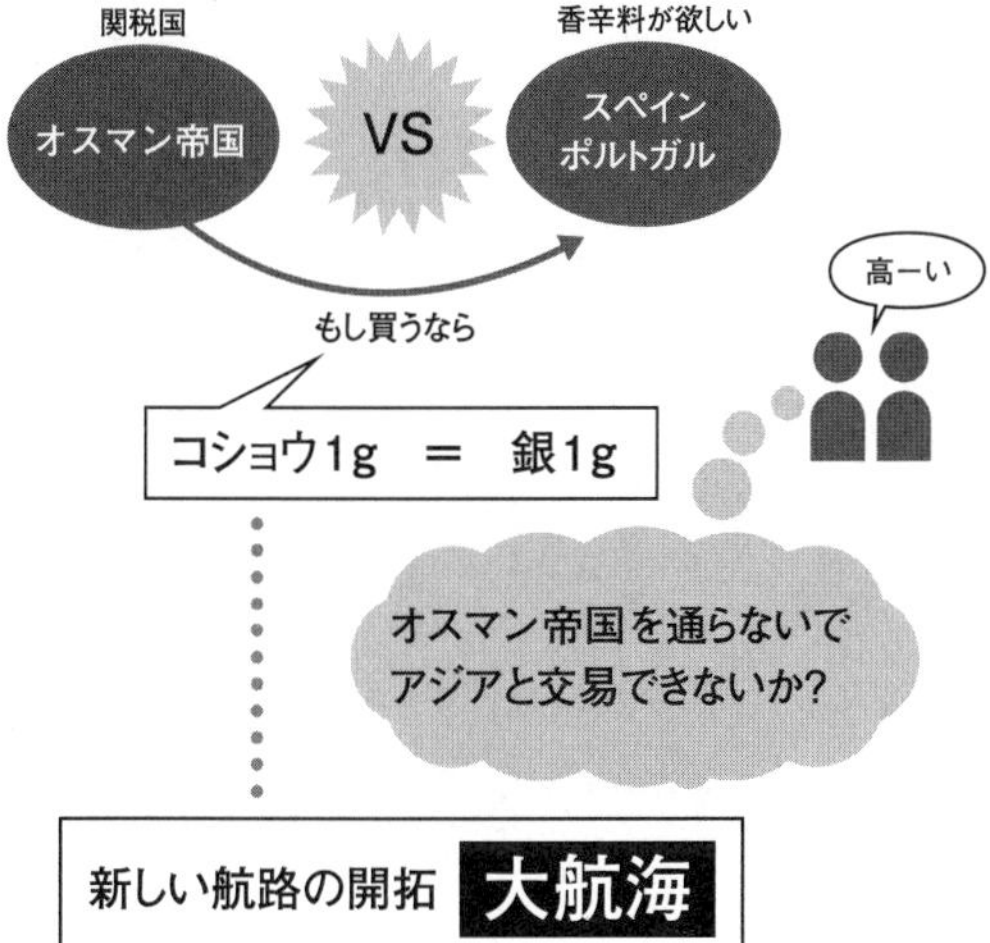
関税国
香辛料が欲しい
オスマン帝国
VS
スペイン
ポルトガル
高ーい
もし買うなら
コショウ1g ＝ 銀1g
オスマン帝国を通らないで
アジアと交易できないか?
新しい航路の開拓
大航海

はいませんでしたが、理論的にいえば、大西洋からアジアに出られるはずです。

1492年、コロンブスはカリブ海のバハマ諸島にたどり着きます。有名な話ですが、当時、コロンブスは、これがアメリカだとはわからずにインドの一部だと思っていました。だから、コロンブスが到着した島は、西インド諸島と名付けられ、現地の人々はインディアンと呼ばれるようになったのです。

さらに1522年には、スペインから支援を受けたマゼランの部下が世界一周に成功します。

こうしてスペインやポルトガルは、世界中に新しい航路を切り開き、オスマン帝国を回避してアジアと交易できるルートをつくったのです。

これでスペイン、ポルトガルは、オスマン帝国に一杯食わせたのかと思いきや、オスマン帝国もさらなる手を打ってきました。

オスマン帝国は、1536年にフランスと提携関係を結び、通商特権を与えました。これは、フランス人商人がオスマン帝国で商売をする場合には、治外法権、領事裁判権、個人税免除、財産・住居・通行の自由などを認めるというものです。そして、関税も一律で課せられることになりました。だから、香辛料の特別関税はなくされたわけです。

なぜキリスト教国のフランスが、オスマン帝国と提携したかというと、フランスは当時、スペインと敵対していたので、敵の敵は味方ということだったのです。

またオスマン帝国は、この特権と同様のものを1579年にはイギリスと、1613年にはオランダにも与えました。フランス、イギリス、オランダには香辛料を安く販売し、スペイン、ポルトガル勢力の香辛料貿易の邪魔をしようというわけです。

こういう具合に、大航海時代というのは、大国同士の虚々実々の駆け引きの中にあったのです。

なぜスペインは没落したのか？

フランスとイギリスが、かなり強引な方法で10分の1税を逃れようとしたことを前述しました。フランスとイギリスは、教会への10分の1税から完全に逃れられたわけではありませんが、かなり距離を置くことができました。

しかし、10分の1税との距離を置けずに、沈んでしまった国もあります。

その代表的な国が、スペインです。

大航海時代まで、スペインはまぎれもなくヨーロッパ最大の国でした。アメリカ大陸、アジア、アフリカなど世界中に植民地を持ち、太陽の沈まない帝国とも称されました。

しかし、スペインは16世紀の後半になって急に、坂道から転げ落ちるように衰退していきます。重要な経済地域だったオランダ、ポルトガルが相次いで独立して、スペインから離れてしまい、バスクなどで国内反乱が頻発しました。世界中に持っていた植民地も、イギリスやフランスなどに相次いで持っていかれてしまいました。

そして17世紀から19世紀には、ヨーロッパの強国の座からは滑り落ちていきました。

なぜスペインが16世紀末に急に衰退したのかというと、大きな原因は「宗教」と「税金」なのです。

大航海時代当時のスペインは強力な海軍力を誇っていました。

その海軍力により、世界の海に乗り出し、広大な植民地を獲得・支配してきました。１５７１年にはレパントの海戦で、キリスト教国の宿敵だったイスラム圏の大国オスマン帝国を破り、スペインの艦隊は「無敵艦隊」といわれるようになりました。

が、実はスペインは、オスマン帝国海軍を破った当時から、深刻な財政問題を抱えていました。財政危機が慢性化し、デフォルトさえ複数回、起こしているのです。

１５５６年にスペインの王位を継いだフェリペ２世（在位１５５６～98）は、アメリカ大陸などの広大なスペインの版図を相続しましたが、引き継いだ負債はそれよりも大きかったとされています。

そのためこのフェリペ２世は、１５５７年と１５７５年の二回にわたって、破産宣告をしています。破産宣告といっても、すべての財産を失って無一文になったわけではありません。各地の商人から借りた金を「返せない」と宣言したわけです。

今でいうところのデフォルトです。このデフォルトによって、当時のネーデルラント最大の商都アントワープの商人などは大きなダメージを受けました。

もちろん、これはスペイン国王自身にも大きな打撃となりました。

今も昔も同様、デフォルトを起こしたときに一番困るのは、次に借金がしにくくなるということです。デフォルトを起こすような人（国）は、借金をしなければやっていけない状態なのです。そういう状態の中で、新たな借金ができないとなれば、経済状態はさらに悪化していきます。悪い条件でしかお金を貸してもらえなくなるし、担保などの形で資産を切り売りしなければならなくなります。国王といえども、それは同じです。

また、このフェリペ2世の後を継いだフェリペ3世は、王位を継承した時点で、歳入の8倍にも及ぶ負債があったのです。


世界中に植民地を持ち、アメリカ大陸から膨大な金銀を持ち込んでいたスペインが、なぜここまで財政悪化していたのでしょうか？

その大きな理由として、キリスト教との関係があります。

スペインは、イスラム世界と接する地域にあり、「キリスト教の砦《とりで》」を自認していました。そのため、イスラム圏とはつねに小競り合いを繰り返していました。そのための軍備だけでも相当な財政負担となりました。

無敵艦隊を維持するだけでも、相当の費用がかかっていました。無敵艦隊の維持費として1572年から1575年の間に1000万ダカットかかったと記録されています。これはスペインの歳入の2倍にあたる金額です。

スペインは、イスラム勢力との最前線に位置していますので、カトリック教会から特別に資金的な支援を得ていました。が、それは教会がスペイン国内から徴収している教会税の一部を、返還するというだけのものでした。教会税がスペイン国民の大きな負担になっていたことに変わりありませんでした。

そしてスペインは、キリスト教世界で宗教改革が起きたときも、「カトリック教会支持」を堅持し続けました。

消費税に頼るしかなかったスペイン

スペインは、敬虔なカトリックの国であり、国民はみな10分の1税を払っていました。

スペインとしては、国民からそれ以上の直接税を取ることは、なかなか難しいものがありました。

そのためスペインは、アルカバラといわれる「消費税」で、財源を補おうとします。

これが、スペインを衰退させた最大の要因だと思われます。

このアルカバラという消費税は、中世のころイスラム圏から持ち込まれたものです。大航海時代からスペインは、このアルカバラを税収の柱に据えていました。

当初のアルカバラは、不動産や一部の商品の取引にだけ課されており、税率もそれほど高いものではありませんでした。徴収されていた地域も国王のお膝元のカスティーリャ地方だけでした。

が、16世紀の後半、財政問題が深刻化したため、カスティーリャ地方に直接税、塩税などを新設しようとします。スペイン国王フェリペ2世にとってカスティーリャは地元であり、財政的にはここに頼らざるを得なかったのです。

しかしカスティーリャ地方の住民も、ただ黙って増税を受け入れ続けたわけではありません。新しい税を創設されれば、半永久的に徴収されることになりますので、新税創設の代わりに、セルビシオ（臨時上納金）を払うことで国王に納得してもらったのです。

国王も一旦はそれで引き下がりましたが、臨時上納金だけでは財政悪化は収まりません。

そこで1575年にはアルカバラの税率が大幅に引き上げられました。

その結果、アルカバラの税収は3倍に増えました。

消費税を拒否してオランダとポルトガルが独立戦争

またフェリペ2世は、このアルカバラをほかの地域にも導入しようとします。

まずターゲットになったのはオランダでした。中世のオランダはスペインの一部であり、経済的に非常に発展した地域でした。

しかしオランダは、宗教改革以降、急激にプロテスタントが増えており、カトリックの砦を自認するスペイン国王と対立しつつありました。

そんな中で、スペインは、オランダから何度も特別税の徴収をしてきました。しかも今度はアルカバラを導入しようとしたのです。オランダ人たちは猛反発し、武装蜂起することになります。

1568年から始まったこのオランダ人の武装蜂起は約80年近く続きました。

「オランダ独立戦争」

「八十年戦争」

と呼ばれる、このオランダとスペインの戦争は、1648年のヴェストファーレン条約での「オランダの独立承認」という結末に至ります。

スペインは、これで経済の要衝の地を失うことになるのです。

またスペインがオランダとの八十年戦争をしている間、ポルトガルでも不穏な動きがありました。当時ポルトガルは、フェリペ2世がスペインとポルトガルの両方の国王を兼ねており（1580年から）両国は合併状態にありました。

当初、両国は良好な関係を築いていましたが、スペインが財政悪化のため、ポルトガルにも消費税アルカバラを導入しました。もちろん、ポルトガル経済は大きな打撃を受け、ポルトガル人からは大いに恨まれていました。そして、オランダやカタルーニャ地方など各地で反乱が相次ぐ中で、今がチャンスとばかりに、1640年にポルトガル人も武装蜂起をしたのです。この戦争は28年間続き、最終的にポルトガルの独立が承認されました。

オランダやポルトガルの独立は消費税のせいだけではありませんが、消費税が大きな要因となっていたことは間違いありません。

無敵艦隊が骨抜きになる

スペイン財政の悪循環は止まりません。

スペインは、アルカバラの課税対象を拡大していきました。

1590年には食料品など生活必需品にも課せられるようになりました。この食料品などへかけられた消費税は、ミリョネス税と呼ばれました。国民から非常に恨まれた税金です。消費税は、現在でも国の景気を後退させる作用があります。が、この当時のスペインの消費税アルカバラやミリョネス税は、さらにそれがひどかったのです。

現在、世界各国で課せられている消費税のほとんどは、その商品を最終的に消費する人が、一回だけ払えばいいという仕組みになっているのです。しかし、当時のスペインの消費税アルカバラは、その商品に一回だけ課税されるのではなく、その商品が取引されるたびに課税されました。だから輸入品や遠隔地から運ばれてきた商品は、商人たちの間で取引されるごとに消費税が取られたので、商品の価格はどんどん上がっていくことになりました。

国王側としては、このシステムは税収が増えることになります。が、一つの商品にこれだけ高い消費税が課せられるということは、当然、物価も上がるし、景気は低迷します。

実際、大航海時代のスペインでは、物価が大幅に上昇しています。

この物価上昇は、定説的には、アメリカ大陸から大量の銀が流入したためとされてきました。が、実はスペインの物価上昇は、銀流入の前から始まっているのです。

筆者は、この当時のスペインの物価上昇の最大の要因は、このアルカバラ（消費税）なのではないか、と考えています。

物価が上昇すると、商品が他国に比べて割高になり、スペイン産品が輸出しにくくなります。その一方で、安い輸入品が国内に出回ることになります。

その結果、スペインは、国際収支が悪化しました。

その一方で、納税を免除される「貴族」が激増していました。

スペイン国王のお膝元であるカスティーリャ地方では、約60万人の貴族がいました。

なぜこれほど貴族が増えたかというと、ナイト（騎士）やイダルゴ（郷士）などの低い称号は、お金を出せば買うことができたからです。そしてナイトやイダルゴになれば、平民には課せられている税金が課せられなくなります。

スペイン王室は、財政難のために、ナイトやイダルゴの称号を大々的に売りに出しました。一時的には財政的な助けになりますが、どんどん高額納税者を失っていくことになったのです。

その結果、スペインでは多くの国民が重税にあえぐ一方で、税金を免除された富裕層が激増していたわけです。これはローマ帝国末期などと同様で、国が衰退していく、非常にオーソドックスなパターンですね。

またスペイン王室は、王領なども売りに出しました。これも一時的には財政を好転させますが、収入源を減らすことになります。長期的に見れば、大幅なマイナス要素となります。

やむなく、スペインはスイスなどの銀行家から借金をすることになります。が、スペインは借金額が膨らんでいたので、利子が急激に上がりました。

1520年代には17・6%でしたが、1550年代には48・8%にも達していました。

南米のトポシ銀山から運ばれてくる大量の銀は、スペイン・カディス港に運ばれても荷揚げされることなく、ヨーロッパ各地に送られました。国際収支の決済と、国王の借金の返済のために、各地の商人の元に届けられたのです。

スペインの国際収支悪化、財政悪化は、スペインの海運業にも深刻な影響をもたらしました。16世紀後半までスペインは、イギリスやフランスの2倍の商船隊を持っていました。それが、かの「無敵艦隊」の礎となっていたのです。

しかし、17世紀になると、船舶数で75%以上の激減となり、スペインの港は外国船に占められるようになりました。

当時の海軍船というのは、日ごろは商船として使用している船舶を、戦時には軍艦として利用することも多く、海運業の衰退はすなわち、海軍力の衰退を意味しました。

スペインの無敵艦隊が急速にその力を失っていったのは、スペインの海運業が衰えたためであり、ひいてはスペインの財政悪化、国際収支の悪化が招いたことなのです。

第7章　ヨーロッパ市民革命は脱税から始まった

イギリス国王の課した税金を堂々と支払い拒否した人物とは？

イギリスという国は、世界で最初に産業革命を起こし、アメリカが台頭する前は世界の覇権を握っていた超大国です。なぜイギリスが、世界に先駆けて近代国家をつくることができたかというと、それには税金が大きく関係しているといえます。

というのも、イギリスは、税制の近代化が非常に早かったのです。

イギリスの税制の近代化は、なんと今から８００年も前の１２１５年に始まりました。

あの有名な「マグナ・カルタ」です。

当時、ジョン王という、戦争がとても好きだけれど、戦争にとても弱い国王がイギリスを治めていました。度重なる戦費徴収に業《ごう》を煮やしたイギリスの市民や貴族たちが、国王に退位を求めました。ジョン王は、それに対して「もう二度と勝手な税徴収はしません」と国民に約束したというわけです。

その約束の条文が、マグナ・カルタというわけです。

マグナ・カルタには、

「国王が勝手に税金を課したり、徴兵したりできない」

「法によらずに身体の自由や財産を侵すことはできない」

というような近代法の基本となるような条文が記されています。このマグナ・カルタにより、イギリスは中世ヨーロッパの王政国家から一歩抜け出すことになります。

が、このマグナ・カルタも、時間がたつとだんだん守られなくなっていきます。

中世ヨーロッパというのは、戦乱に明け暮れていました。当時、外交や国防は国王が行っていました。軍隊を編制し、戦争をすることを決断していたのは国王です。

もちろん、戦費が必要になります。

中世ヨーロッパの国々では、戦費のためなら国王が税金を徴収できるという暗黙の了解のようなものがありました。マグナ・カルタ以後のイギリスにも、それは残っていました。

だから、マグナ・カルタが守られないケースも多かったのです。

特に16世紀のエリザベス女王後のイギリスの国王たちは、マグナ・カルタを守りませんでした。戦乱の続くヨーロッパの中では、戦費がいくらあっても足りず、たびたび増税や税の新設を行ったのです。

その代表的なものが、17世紀の初頭につくられた「船舶税」という税金です。

この船舶税は、海上の安全のためにつくられたものでした。要は、海軍の整備と海上監視などの費用に充てるということです。

課税の方法としては、イギリス全土に対して年間20万ポンドを課すというものでした。それを各地域に割り当てて、その地域の住民の財産に応じて課税するという仕組みになっていました。

イギリスでは、中世以来、戦争時には国王が民間の船舶を徴発できるという不文律がありました。この慣習のために、イギリス国王は、強力な海軍をつくることができ、スペインの無敵艦隊も破ることができたのです。

が、17世紀にスペインが凋落《ちょうらく》すると、今度はフランスが脅威となってきました。フランスは海洋大国オランダと組み、イギリスに対抗しようとしていたのです。

島国のイギリスとしては、フランス、オランダに対抗するために、海軍力の増強を図らねばならないところでした。また当時は、海賊がイギリス近海で暴れまわっており、これらの取り締まりも必要でした。

そこで、1634年にチャールズ1世が、この船舶税を新たに創設したのです。

当時イギリスでは、新たに税金を創設する際には、議会の承認が必要とされていました。

が、この船舶税は、議会の承認もなく、国王が勝手につくったのです。

国王は「海軍力の補強のための税金であり、国民のための税金だから大丈夫だろう」と判断したのです。中世以来、国王がイギリスの海軍を担うという伝統もあったからです。

が、やはり新たな税金は、払いたくないもの。支払いをしない者が続出しました。未納者の多くは、「自分に対する課税評価額が高すぎる」などの理由をつけて税金を払うまいとしました。

が、その中で、ジョン・ハムデンという人物が、まったく言い逃れもせずに支払いを拒否しました。彼に課せられた船舶税は、20シリングでした。彼はその20シリングを「支払いができない」などの言い訳もせずに、支払いを拒んだのです。

1637年、ハムデンは裁判にかけられました。

ハムデンの主張は、「イギリス国民は王室に対して納税の義務は負っていない」という超基本的な理由だったのです。そして、「マグナ・カルタでは、国王は議会の承認なくして課税できないということになっているので、この課税は無効だ」ということでした。

実は国民の多くも、うすうすそれを感じていましたが、イギリス国王による戦時の船舶徴発などの伝統もあり、なし崩しに船舶税を払っていたのです。

この裁判では、僅差でハムデンの有罪となりました。

が、この話には続きがあります。

このジョン・ハムデンという人は、清教徒革命の指導者となるあのオリヴァー・クロムウェルの従兄だったのです。上流階級の生まれで、オックスフォード大学を

清教徒革命の発端

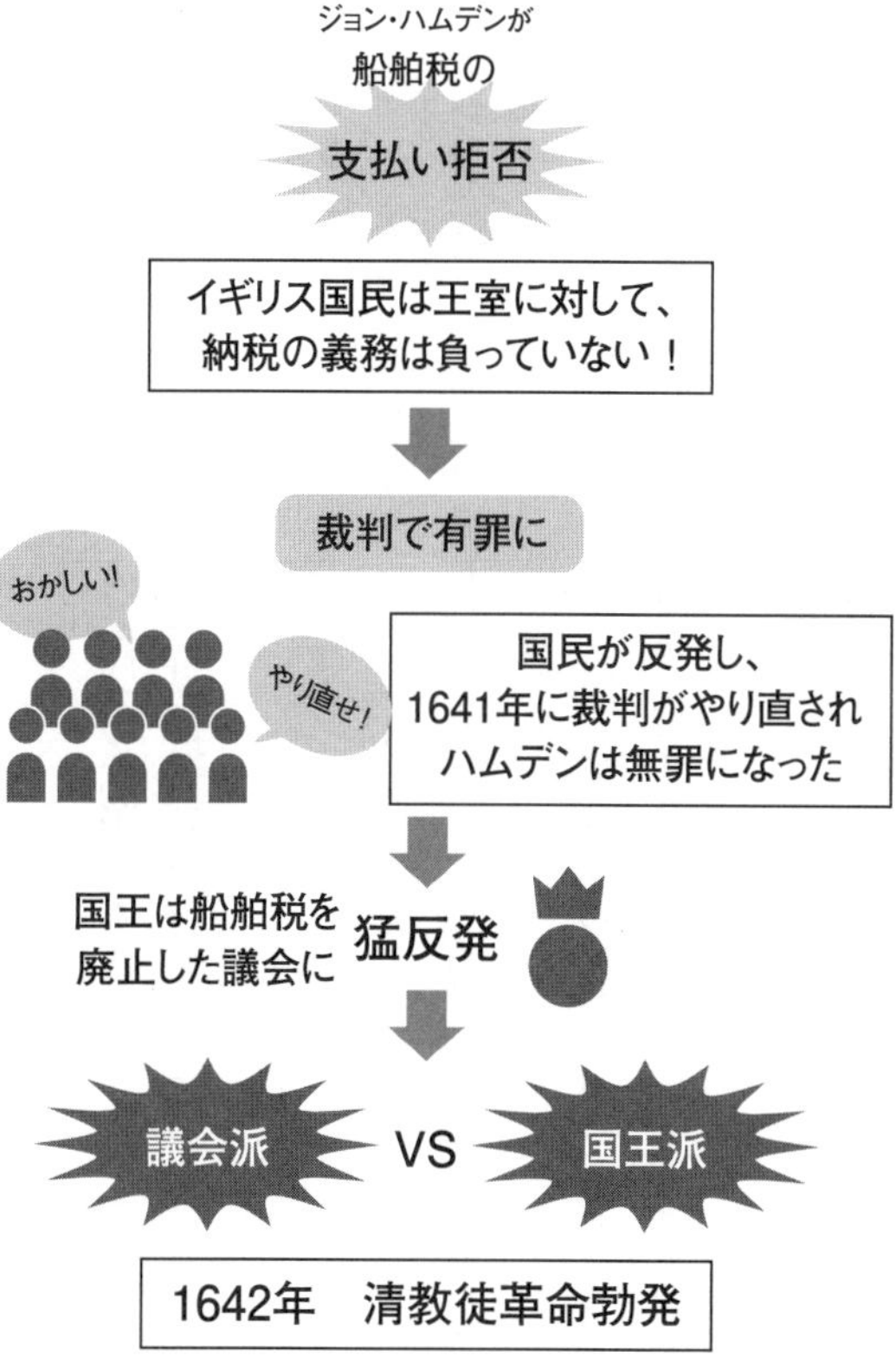
ジョン・ハムデンが
船舶税の
支払い拒否
イギリス国民は王室に対して、
納税の義務は負っていない！
裁判で有罪に
おかしい!
やり直せ!
国民が反発し、
1641年に裁判がやり直され
ハムデンは無罪になった
国王は船舶税を
廃止した議会に
猛反発
議会派
VS
国王派
1642年　清教徒革命勃発

出たエリートでもありました。彼は、イギリス議会の下部組織である庶民院の議員も務めていました。

ハムデンは、筋金入りの反国王的な政治運動家でもありました。それまでも、国王の戦費調達のための強制的な資金拠出を拒否し、投獄されていたこともありました。

船舶税の支払い拒否も、彼の政治主張の一環だったのです。

ジョン・ハムデンへの有罪判決は、イギリス国内に大きな波紋を呼び起こしました。そして、「マグナ・カルタの精神によれば、この有罪判決はおかしいのではないか?」という世論が巻き起こりました。

そのため、裁判の4年後の1641年、議会によって裁判がやり直されることになりました。その結果、「船舶税」は違法とされ、ハムデンを有罪とした裁判官は弾劾されました。

それと同時に「船舶税」は廃止されることになったのです。

これに対して、国王は猛反発し、議会との対決姿勢を見せます。

そして、翌年の１６４２年には、ついに議会派と国王派の武力衝突につながります。いわゆる「清教徒革命」が起きるのです。

この清教徒革命により国王は実質的な政治権力を失い、イギリスは本格的な議会政治の国になっていきます。

清教徒革命によりイギリスは経済大国になった

この清教徒革命は、財政の大改革でもありました。そして、この財政大改革こそが、大英帝国を経済大国に押し上げる原動力となったのです。

イギリスでは、名誉革命（１６８８年）の前後、徴税請負制度をほぼ全廃しました。徴税請負人の代わりに、税金専門の官僚を採用したのです。

この税務官僚は完全な実力制度で、採用されるためには厳しい試験に合格しなければなりませんでした。その代わり、税務官僚たちには十分な給料が与えられました。

また税務官僚たちは、地域の有力者と癒着しないために、頻繁に転勤が命じられました。このシステムは、世界中の税務官僚のモデルとなり、現在の日本の税務署でも採られています。日本の税務署員は、地域の納税者と癒着しないために、3～5年おきに転勤が行われているのです。

そして議会も税金を決める際、非常に先進的な方法を採っていました。これは「政治算術」と呼ばれるもので、現在の統計法のような技術を用いて、国民の所得を割り出し、租税負担の可能額を算出するのです。できるだけ負担感が少なく効果的に徴税できる方法を研究したのです。政治の中に、本格的なデータ分析を取り込んだのです。

そしてイギリスは、1721年から1742年のウォルポール首相の時代に、輸出税を廃止し、関税を大幅に引き下げています。これにより、イギリスの貿易が活発化し、それに伴い経済も急成長したのです。

なぜイギリスの古い家には窓が少ないのか？

ヨーロッパの街並みというのは、古い建物がとてもたくさんあります。というより、一部のビジネス街などを除いて、ほとんどの地域で古い趣のある建物ばかりです。日本人から見れば、ヨーロッパの街全体が、「テーマパーク」のようです。

こういう点では日本とはまったく違います。日本では100年前の建物などは非常に少なく、たまにあっても自治体の文化財として指定されていたりします。100年前の建物が普通に民家として使われていることなどは、非常に稀なことです。

しかし、ヨーロッパの場合、100年前の建物などは、ごくごく普通に都市の中で使われています。100年前どころか200年前、300年前の建物もそう珍しいものではありません。

ヨーロッパの人たちというのは街の景観を大事にしますし、何より、建物が石造りでしっかりしています。ヨーロッパの都市というのは、すごく長い視点で計画されているのでしょう。

ところで、イギリスでは古い建物の中には、窓がふさがれているものが時々見受けられます。窓自体はたくさんあるのですが、大半の窓が壁と同じような素材でふさがれていて、窓として機能しているのはほんの一部になっているのです。

なぜこういう建物があるのかというと、これも税金が深く関係しているのです。

17世紀の終わりの1696年、イギリスでは「窓税」という税金がつくられました。

この窓税は、一つの建物に6個の窓までは免税でしたが、7〜9個の場合は2シリング、10〜19個の場合は6シリング、20個以上の場合は10シリングの税金を払わなければならなかったのです。しかも窓税が廃止されたのは、1851年のことです。なんと150年以上にわたって課せられ続けたのです。

だから、19世紀の半ばまでに建てられた建物には、窓がふさがれているものが多いのです。窓を少なくして、税金を免れようというわけです。

なぜ窓に税金？と思われる方も多いはずです。

窓に税金をかければ窓が少なくなり、衛生的にもあまりよろしくありません。今こういう税金をつくろうとすれば、国民から猛反発が起きるはずです。

が、イギリス国民は、この窓税を150年も我慢したのです。それは、ある事情によるものでした。

暖炉税という悪税

イギリスでは窓税が創設される前に、「暖炉税」という税金が創設されていました。暖炉税が創設されたのは1662年のことです。

当時のイギリスは、オランダやフランス、スペインなどと戦争ばかりしていました。暖炉税がつくられた年の3年後には、第二次英蘭戦争が始まっています。戦費がいくらあっても足りないという状況でした。

でも、すでに国民からは関税や消費税、直接税など、けっこうな税金を取っています。それらの税率を上げることはなかなか難しい状況でした。

そのため、暖炉に課税することにしたのです。税額は各家庭の暖炉一つにつき2

シリングでした。家賃20シリング以下の家や、貧しい家庭では、免税ということになっていました。

この暖炉税がつくられたとき、国民は激しく反発したのです。

暖炉税には明白な欠陥がいくつもありました。

まず、貧しい人に負担が大きいということです。

暖炉というのは、貧しい家庭でも必要です。そして、裕福な家だからといって、暖炉がそうたくさんあるわけではありません。ということは、貧しい人も裕福な人も、だいたい同じ程度の税金を払わなければならなかったのです。

そして、この暖炉税を徴収するときには、徴税役人が各家庭の暖炉の数を調べることになります。国民にとっては、役人が家の中に入って暖炉を調べるというのは、非常に屈辱的なことでした。

主にこの二つの理由から、イギリス国民は暖炉税に猛反発したのです。

そのため、暖炉税の徴収は困難を極めました。

地域ぐるみで暖炉税の徴税に反抗するところもあり、徴税役人が殺されてしまう事件まで起きています。また暖炉税が免税となる「貧困証明書」が不正に発行されるケースも相次ぎました。「貧困証明書」は教会などが発行していたのですが、よくその人の経済状況を調べずに簡単に発行したり、貧困証明書を販売する教会まで出てきたのです。また暖炉を覆い隠してしまうというような脱税方法も非常によくありました。

この暖炉税に懲りた政府当局は、新たに窓税を創設したのです。

窓の場合は、家の中に入らなくても、外から確認することができます。だから、徴税役人が各家庭に入って調べるというような「プライバシーの侵害」を冒さなくてもいいのです。

そして、窓の数はおおむね建物の大きさに比例してつくられますので、大きな家に住んでいる人には、たくさん税金がかかるようになり、低所得者にはそれなりの配慮ができるということです。

それでもアダム・スミスは『国富論』の中で、「都会の高い家に住んでいる人よりも、地方の安くて大きな家に住んでいる人の方が余計に税金を取られるので不公平だ」と述べています。イギリス人というのは、「税金における低所得者に対する配慮」というのを、昔からかなり重んじてきたものなのです。

ちなみに、この窓税はフランスなどいくつかのヨーロッパ諸国にもありました。

貴族の脱税を阻止しようとして処刑されたルイ16世

フランス革命というと、「贅沢三昧だった王室」に怒った「重税にあえぐ民衆」という構図で語られることが多いものです。

「パンをよこせ」と騒ぐ民衆を見て、王妃のマリー・アントワネットが「パンがないならケーキを食べればいいじゃないの」と言ったなどという伝承もあります（この言葉は、実際にはマリー・アントワネットが言ったのではなく、後世の創作のようです）。

とにもかくにも、フランスの国王は莫大な財と権力を持っていたというイメージは、我々の歴史観の中に根付いてしまっています。

フランスの国王というと、「絶対王政」という言葉でも知られているように、絶大な権力を握って民衆を虐げてきたというような印象があります。が、実は、フランスの国王というのは、それほど強大な権力も、莫大な財産も持っていませんでした。それどころか、歴代のフランス国王は、何度も破産さえしているのです。これは、ヨーロッパのほかの国王も同様でした。

なぜフランス国王が何度も破産に追い込まれたのかというと、ざっくりいえば財政基盤が弱かったからです。

フランスでは聖職者（教会）や貴族が強い力を持っていて、彼らは国家に対する税金が免除されていました。当時のフランスの人口は2300万人とされています。そのうち聖職者は10万人でしたが、聖職者の土地は全国の10分の1に達していました。彼らには特に税金は課せられておらず、自分たちで決めた金額を国に納付するだけでした。

また貴族は40万人足らずとされていましたが、フランス国内の90%の富を独占していたともいわれています。

つまり、当時のフランスは、聖職者と貴族以外は、財布の中がスカスカの状態だったのです。

そのスカスカの中から、国王は税金を徴収し、他国との戦費などを確保しなければなりませんでした。

革命前のフランスでは、「タイユ税」という税金が民衆を苦しめていました。

タイユ税というのは、土地税と財産税の性質を持つもので、イギリスとの百年戦争（1337～1453年）のときに設けられました。戦争中の特別税として徴収されていたのですが、戦争後も廃止されず、フランスの主要な財源となったのです。

このタイユ税は、当初は土地だけにかけられており、現在でいうところの「固定資産税」のようなものでした。が、それだけでは税収が足りないために、財産に対しても課せられるようになりました。徴税役人が各人の財産を査定し、課税するのです。そして、課税対象者の多くは、農民でした。

農民たちは査定が低くなるように、家屋をみすぼらしいものにしたり、農耕用の牛馬を手放したり、買うのを控えたりしました。当然のことながら、農業は停滞しました。

しかもこのタイユ税は、貴族や聖職者、官僚などは免除されていました。そのため、免税特権を持つ貴族たちはますます富み、農民や庶民たちはどんどん貧しくなっていくという状況になっていきました。

このタイユ税は、長い間、フランスの民衆を苦しめました。

国は、タイユ税免除の対象範囲をどんどん広げていったからです。

しかも、タイユ税でフランスの財政が好転したわけではありません。

フランスの財政は、長い間、慢性的な赤字でした。

フランス革命のときの国王ルイ16世（つまり処刑されてしまう国王）も大変な借金を抱えていました。前国王時代の七年戦争や、アメリカ独立戦争支援などの戦費により、フランスの借金は30億リーブルに達していたのです。

これまで何度かデフォルトを起こしていたフランスは、金融家から信用がありませんでした。そのため利子が5～6％と高く、利子の支払いだけで年間2億リーブル近くになります。当時のフランスの国家収入が2億6０００万リーブル程度だったので、歳入の大半が、利子の支払いに充てられたことになります。

しかし実は、ルイ16世は、かなり国民思いの国王だったようなのです。

というのも、この財政危機に際し、これ以上、国民から税を取らずに、貴族や教会（聖職者）に税を払ってもらおうと考えたからです。

また歴代のフランス国王も、実は貴族や教会にもっと税金を払うように働きかけていました。しかし、ほとんどの国王が、貴族や教会に反発され課税を断念しているのです。


ルイ16世は、1777年に、スイスの銀行家ジャック・ネッケルを財務総監に抜《ばっ》擢《てき》します。

これにはスイスの金融界に広いコネクションを持っている銀行家のネッケルを登用することで、スイス金融界からの支援を受けようという意図がありました。当時、スイスは、フランスにとって重要な金の借り入れ先だったのです。

それと、もう一つ重要な意図がありました。

それは、国内にしがらみのない外国人を財務総監に起用することで、貴族などが持っている特権を排除しようということです。

ネッケルは、国家財政立て直しのために、徴税請負制度の改革に乗り出します。徴税請負人というのは、ローマ帝国の章でも紹介しましたが、徴税する権利を国家から購入し、自分で勝手に徴税をするという人たちです。

国は、徴税権を売ることで、手っ取り早くお金が手に入ります。しかし、当然のことながら、実際に徴税できる額よりも低いお金しか入ってはきません。そして徴税請負人たちは、決められた税金よりも多くを取っていたために、民衆は苦しめられました。

また当然、徴税請負人には、「徴税権を購入できる」ような富裕な者がつくことになります。つまり、徴税請負制度というのは、「富裕な者が徴税特権を得て、さらに富裕になり、民衆を苦しめる」という致命的な悪循環となっていたのです。そして、この徴税請負人の多くは貴族たちでした。

ネッケルは、この徴税請負制度にメスを入れ、徴税請負人が徴税権を購入することを禁止しました。徴税請負人は決められた額だけを徴収し国家に納付する、徴税請負人は決められた報酬だけを受け取る、という、ごくまっとうな徴税役人の制度にしたのです。

そして、ネッケルは厳しい監査制度をつくり、不正を許さないようにしました。

これには、フランスの貴族や特権階級の者たちが猛反発しました。

彼らは、「パンフレット」などを大量に発行し、ネッケルを攻撃しました。当時のフランスでは、現在の雑誌のような薄いパンフレットが多数発行され、市民に広く読まれていたのです。

ネッケルがプロテスタントということもあって、カトリック教徒の多かったフランスでは攻撃対象にもしやすかったのです。

「スイスの富裕な銀行家が、フランスの富を横取りしようとしている」

等々と書かれたパンフレットが、パリ中に氾濫しました。

それに対して、ネッケルは強力な対抗策を採ります。

フランスの国家の歳入と歳出の内容を市民に公表したのです。

それまで一国の財政というのは、秘密のベールに包まれているものでした。現在でこそ、国の財政は国民や世界に向けて公表されるのが常識となっていますが、近代以前の国家というのは、財政内容を決して公表することなどはありませんでした。

ネッケルとしては、自分が潔白であることを証明するための苦肉の策だったともいえます。が、この国家財政の公表は、フランス市民に大きな衝撃を与えることになりました。

国家歳入2億6000万リーブル、そのうち王家の支出に2500万リーブルもが費やされていたのです。国民の年収が100リーブル前後だったので、2500万リーブルというのは、想像もつかない金額でした。

当時のフランスでは、農作物の不作などにより、庶民は苦しい生活を強いられていました。ネッケルの会計公表で、民衆の批判の矛先が王室に向けられることになったのです。

ネッケルとしては、貴族たちからの批判をかわすために国家財政を公表したのですが、意に反して、国王が攻撃の対象になってしまったのです。

また、この会計公表により、ネッケルは、フランス市民の強い支持を得ることになります。

「ここまで具体的に数字を明らかにするということは、ネッケルは潔白だということ」

「そして改革に対して強い意志を持っているということ」

が、フランス市民に評価された理由です。

ネッケルの会計公表により、強い批判を受けることになったルイ16世は、1781年に、ネッケルを一旦罷免します。しかし、フランス市民の圧倒的な後押しを受け、ネッケルは7年後の1788年に財務総監に復職します。

その翌年の1790年、ルイ16世が再びネッケルを罷免してしまうと、パリの市民たちは激怒しました。当時、ルイ16世は、貴族と聖職者の税負担を求めようとしていました。

しかしパリの市民たちの怒りはすでに抑えようがなく蜂起に発展するのです。

こうしてフランス革命が起こったのです。

第8章　脱税業者が起こしたアメリカ独立戦争

アメリカは元祖タックスヘイブンだった！

ご存知のように、現在アメリカは超大国として世界に君臨しています。

しかしアメリカは、もともとイギリスの植民地だった国です。かつてイギリスは世界中に植民地を持っていました。その中で、アメリカほどの経済的な発展をした国はほかにありません。

またイギリスに限らず、中世から近代にかけてヨーロッパ諸国は世界の多くの地域を植民地化していました。その中には、アメリカに負けず劣らず、資源の豊富な地域も多々ありました。

しかし、それらの地域の国で、ヨーロッパ諸国に肩を並べるほどの国力、経済力を持っている国はありません。「植民地上がりの国」はほとんどが今でも後進国であり、アメリカだけが突出しているのです。

なぜ植民地の中でアメリカだけが先進国となり、さらにその上の超大国になったのか、というのは、長く議論されてきたところです。

その答えは、「経済活動の自由」と「無税」にあるように筆者は思います。

アメリカはイギリスの植民地時代から、「経済活動の自由」が認められ、税金もほとんど課せられていませんでした。

かつてイギリスは、世界中に植民地を持っていましたが、そのほとんどの地域で経済活動の自由は認められていませんでした。多くの植民地で、特定の企業に独占的な権益を与えていたのです。これはイギリスだけではなく、当時のヨーロッパ諸国は、どこもそういう植民地政策を採っていました。

有名なところでは、「東インド会社」です。

東インド会社というのは、東インド、南・東南アジアに持っている植民地の貿易を独占していた会社です。この東インド会社は、イギリスにもありましたし、オランダにもありました。

ヨーロッパ諸国は、特定企業に植民地の独占貿易権を与えることで、他国の企業が入ってくるのを阻止しようとしたのです。

植民地で獲れる資源や農産物などは、すべてその企業が独占しました。そのうえ、植民地に居住している人たちが本国の産品を購入するときは、その企業から買わなければなりませんでした。

植民地の産品は特定の企業が独占しているので、価格は非常に高く設定されています。自国民がそれを買う場合も、非常に高い価格で購入しなければならないのです。その結果、独占権益を与えられている企業だけが潤うことになりました。

また植民地の人々は、生産物を安く買いたたかれるうえに、本国の産品を買う際には法外に高い価格を押し付けられます。それは植民地の発展を阻害することになります。

ところが、イギリスは、北米植民地だけは経済を自由化していました。

北米植民地では、原則として、誰でも自由に事業を行うことができ、貿易の制限もほとんどありませんでした。

なぜイギリスは、北米植民地にだけ独占企業をつくらなかったのでしょうか？

実はイギリス植民地時代のアメリカは、イギリスにとってそれほど重要な地域ではありませんでした。金などの鉱脈もまだほとんど発見されておらず、香辛料やお茶などが採れるわけでもありませんでした。

今でこそ、アメリカは農業大国、資源大国ですが、18世紀までのアメリカは、金銀の大鉱山があった南米や、貴重な香辛料が採れた東南アジアに比べて、重要度は低かったのです。アメリカでゴールドラッシュが起きたり、巨大油田が発見されるのは、独立後のことなのです。

だから、イギリスは、アメリカには東インド会社のような半官営貿易会社を置かずに、無税地域にすることで、移民と産業の発展を促しました。

元祖タックスへイブンのようなものです。

その結果、アメリカにはたくさんの人々が移住し、巨額の投資が行われ、急激に発展したのです。

もし北アメリカで、早くから重要な鉱山などが発見されていれば、経済的な自由は与えられず、ほかの植民地と同じように政府肝煎《きもい》りの独占貿易会社によって支配されていたかもしれません。

アメリカ独立戦争は脱税業者が起こした！

ところが北米植民地が発展するにつれて、ここを無税にしていたことが、イギリスにとってだんだん負担になってきました。

北米植民地は、イギリスがフランス、オランダなどと争って獲得した地域であり、それらの国との諍《いさか》いが絶えませんでした。イギリス本国は、北米植民地を守るために、たびたび軍を派遣しました。もちろん、その軍費は莫大なものでした。

当時のイギリスは、莫大な国債を発行していました。１７６３年の時点で、イギリス政府の負債総額は１億３４００万ポンドに上りました。その国債の大半は、植民地関係の戦争費用のためのものだったのです。

またイギリス政府は、アメリカに軍を駐留させる経費として25万４０００ポンドかかると見込んでいました。

「植民地を獲得し、維持する」

というのは、莫大な経費を要することだったのです。

その一方で、北米植民地は免税状態になっていて、植民地がいくら発展しても税収は上がりませんでした。砂糖税などの関税収入は、せいぜい年間4万ポンド程度だったのです。

しかも、兵も供給されません。アメリカなどにはイギリス本国から大勢のイギリス人が入植していましたが、彼らには納税の義務もなく、兵役もなかったのです。

イギリス政府は、他国から植民地が侵攻されると、その防衛のために、イギリス本国から兵を出さなければならない、という状態だったのです。もちろん、遠く離れたアメリカ大陸に、本国の兵を派遣するには莫大なお金がかかります。

アメリカ独立戦争の20年前の1756年、イギリスはフランス、ロシアなどを相手に「七年戦争」を行っていました。

この戦争でイギリスの財政は非常に悪化したのですが、この戦争は北アメリカ地域でも行われていました。これは「フレンチ・インディアン戦争」といわれるもので、イギリス軍とフランス軍の間で起きた戦争です。フランスがインディアン部族と同盟を結んでいたので、インディアンも絡んだ戦争になり、フレンチ・インディアン戦争と呼ばれるようになったのです。

イギリスとしては、北米植民地を守るために行った戦争なので、戦費を北米植民地に負担させたいと考えていました。

当時の北米植民地では、関税以外ほとんど課税がされていませんでした。また関税も密輸などで脱税されることが多かったのです。

そのため、イギリスは印紙法（1765年）をつくるなどし、北米植民地に課税しようとしました。「印紙法」というのは、新聞、パンフレットなどすべての印刷物に印紙を貼ることを義務付ける法律です。

が、北米植民地の住民は、ほとんどこの印紙法を守りませんでした。イギリス本国から印紙が届くと、その印紙を焼き捨てるというような暴挙に出たのです。

イギリス本国としては、北米植民地を守るための経費くらいは、アメリカに移住してきた人々に負わせたいと思っていました。

しかしアメリカに移住してきた人たちは、頑としてそれを受け入れませんでした。北米植民地の住民には、本国議会の議席がなかったので、「代表なくして課税なし」

イギリスとアメリカの関係

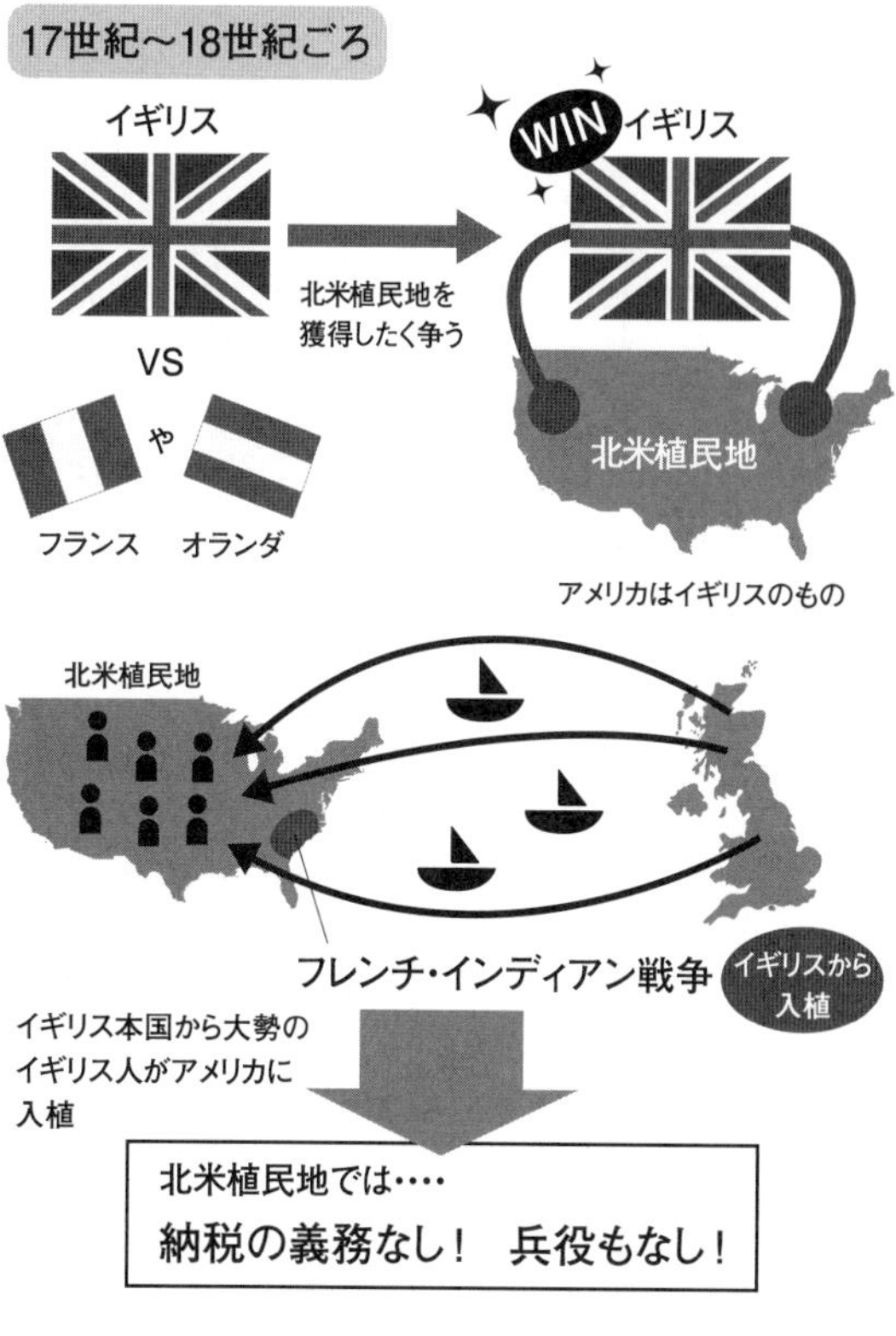
17世紀〜18世紀ごろ
イギリス
VS
や
フランス
オランダ
北米植民地を
獲得したく争う
WIN
イギリス
北米植民地
アメリカはイギリスのもの
北米植民地
フレンチ・インディアン戦争
イギリスから
入植
イギリス本国から大勢の
イギリス人がアメリカに
入植
北米植民地では‥‥
納税の義務なし！　兵役もなし！

という言葉を用いて、一切の課税を拒否したのです。

イギリスは、議会の議席を与えようとしましたが、北米植民地の住民はこれも拒否しました。

そこでイギリスは、茶を安い価格でアメリカに売りつけることで、少しでもアメリカに財政負担を負わせようとしました。

当時の北米植民地では、茶の密輸が大々的に行われていました。北米植民地は大量の茶を輸入しているのに、イギリス当局には関税がほとんど入らない状態になっていたのです。

その対抗手段としてイギリス当局は、国策会社である東インド会社に、北米植民地へ無関税で茶を販売する特権を与えました。当時、東インド会社は、茶の在庫を大量に抱えており、これを北米植民地に独占的に売りつけて処分しようと考えたのです。

無関税になれば密輸品よりも安くなるので、東インド会社は潤います。

イギリス政府は東インド会社の経営を助けることで、間接的に、北米植民地に税負担をさせようとしたのです。

それと当時に、北米植民地の密輸業者の利益を封殺してしまおうと考えたのです。

これに怒ったのが、北米植民地の密輸業者でした。

当時、密輸というのは、北米植民地住民の間では、当然の行為とも思われていました。「代表なくして課税なし」の理屈からいえば、北米植民地は関税を払うのもおかしいのだから、自由貿易をして当然という意識があったのです。そのため、密輸業者といっても闇の組織ではなく、普通の貿易業者が密輸を行い、住民も半ばその存在を承認していたのです。

そして密輸業者たちが中心となって、ボストン港で茶を積載していた東インド会社の船に乱入し、茶を海に投げ込むという事件を起こします。

これが有名な「ボストン茶会事件」（1773年12月16日）です。

このボストン茶会事件をきっかけに、北米植民地に独立の機運が高まり独立戦争に発展するのです。

ちなみに、この一連の茶に関するゴタゴタのために、北米植民地では、茶の代わりにコーヒーを飲むようになりました。現代のアメリカではイギリス流の紅茶の習慣はあまりなく、コーヒーの文化が栄えています。それは、この独立時の茶騒動が要因なのです。

なぜアル・カポネは脱税で逮捕されたのか?

アメリカの伝説的なギャングにアル・カポネという人がいます。

1920年代、アメリカが禁酒法を施行していたとき、マフィアが暗躍し酒の密売で莫大な富を得ていたことが知られています。このときに、アメリカでもっとも稼いでいたとみられているのが、このアル・カポネなのです。

小説や映画などでも、たびたび取り上げられるのでご存知の方も多いでしょう。

アル・カポネは、1899年にニューヨークのブルックリンに生まれました。ブルックリンは、移民が多い地域であり、治安があまりよくないことで知られています。アル・カポネは、少年のころから札付きの不良で、成人したときにはギャングとしてかなり出世していました。

そしてアル・カポネが、ギャングとして勢力を広げていたのと同時期に禁酒法が施行されました。禁酒法というのは、酒の販売や消費を全面的に禁止するもので、１９２０年から１９３３年まで続きました。

禁酒法の時代、アメリカ中のマフィアは、好景気に沸いていました。「酒」さえ手に入れれば、だれだって莫大な金が手に入るのです。酒は禁制品となっていたので正規の入手ルートはなく、ギャング以外には手に入りません。禁酒法が施行されても、アメリカでは多くの酒場が営業しており、酒も提供されていました。そのため、ギャングたちにとっては、これ以上ないというほどの稼ぎ時となったのです。

彼らはこぞって工業用アルコールから密造酒をつくったり、隣国カナダから酒を密輸しました。

禁酒法でもっとも被害を受けたのは、貧困層だとされています。なぜなら、彼らは闇の高い酒を買うことができずに、安い危険な酒しか飲むことができなかったからです。

ニューヨーク市の監察医によると、当時のもっとも安い酒からは「ガソリン、ベンゼン、ニコチン、ホルムアルデヒド、クロロフォルム」などが検出されたそうです。当然、彼らは健康を脅かされ、死に至る者も少なくありませんでした。

ちなみに「カクテル」は、禁酒法下のアメリカで発展したものです。

安い酒場では質の悪い酒しかなかったので、酒の臭いや味をごまかすために、果汁や香料などを入れたカクテルがたくさんつくられるようになったのです。

シカゴでも最大クラスのギャング団のボスだったアル・カポネも、この時期、荒稼ぎをします。もちろんギャング団は、酒の密売だけでなく、殺人などの犯罪行為も働きます。特にこの時期は、ギャング団同士の抗争が絶えませんでした。

アル・カポネは、様々な事件に関与したとみられていますが、なかでももっとも凶悪な事件は1929年の「聖ヴァレンタインデーの虐殺」です。これはカポネの密造酒を盗んだギャング団を大量虐殺したという事件です。カポネは、敵のアジトに警察官を装った手下を送り込み、敵がみな投降したところで銃を乱射して皆殺しにしてしまったのです。

この事件に、アメリカ国民は震え上がりました。政府としても、ギャングの大ボスであるアル・カポネをどうにか逮捕しようと躍起になりました。

当初、アメリカ連邦政府は、「禁酒法違反」でアル・カポネを捕らえようと試みました。

しかし、アル・カポネはその点巧妙であり、自分が直接関与することはなかったので、なかなか証拠を見つけられません。

そこで、アメリカ連邦政府は、所得税の脱税容疑で逮捕することにします。映画にもなったアンタッチャブルと呼ばれる捜査チームが、アル・カポネの脱税の証拠を固め、1931年、ついに逮捕、有罪に追い込んだのです。

「アル・カポネが脱税で捕まった」

というと「犯罪で得たお金にも税金はかかるのか」と疑問を持つ方もおられるのではないでしょうか？

基本的に所得税というのは、どんな収入であっても、税金がかかるようになっています。宗教団体における寄付金収入など、「免税」と決まっている収入以外は、たとえそれが犯罪で得たお金であっても課税されることになっているのです。

それは、日本でも同じです。

ただ犯罪における収入の場合、犯罪がばれない限りはなかなか収入もばれないので、必然的に犯罪者の収入に税金をかけることは難しいのです。

しかし、このときの捜査チームは、犯罪を暴くことは諦め、金銭のやり取りだけにターゲットを絞ったことが功を奏して、逮捕にまでこぎつけたのです。

アル・カポネは、懲役11年、罰金8万ドルという刑を喰《く》らいます。

当時のアメリカ人労働者の平均年収が1200ドル程度とされていますので、現在の日本円に換算すると5~6億円くらいの価値があったものと思われます。

アル・カポネにしてもかなりの打撃だったことは間違いありません。

アル・カポネは服役中に梅毒に罹患《りかん》していることがわかり、出所後は治療に専念し、ギャングとしての存在感はほとんどなかったといわれています。そして1947年に脳卒中のために48歳の若さで、この世を去ります。

アル・カポネの逮捕を可能にした所得税の創設

実は、このアル・カポネの脱税逮捕劇には、興味深い背景があります。
もし、時代がもう少し早ければ、アル・カポネは逮捕されていなかった可能性が高いのです。

というのも、アメリカで所得税が創設されたのは、1913年のことでした。アル・カポネの逮捕のわずか18年前のことです。今でこそ、アメリカ連邦政府の主財源は所得税ですが、1910年代までのアメリカには所得税がなかったのです。

所得税というのは、1798年にイギリスで世界最初に導入された新しい税金なのです。

人の収入に税金をかけるということは太古から行われてきました。ローマ帝国やキリスト教会の10分の1税なども、広義の意味では所得税といえます。

ただ、現代的な、所得額を正確に算出して、累進的な税率をかける「所得税」というのは、この1798年のイギリスの所得税が世界初だとされているのです。

それ以来、ヨーロッパ諸国はこぞってこの所得税を導入しました。

しかし、アメリカはなかなか所得税を導入しませんでした。


では、当時のアメリカはどうやって政府の財源を得ていたのでしょうか?

輸入品にかかる関税と、一部の商品にかけられた間接税で賄っていたのです。

しかもその税収は非常に低いものでした。

1910年代までのアメリカは、税率が著しく低い国でした。前に述べたように、アメリカはイギリスの植民地時代にほとんど税金が課されていませんでした。その伝統を受け継ぎ、独立してからも、税金は非常に安かったのです。

当然、財政支出も少ないものでした。第一次世界大戦前の1913年には、アメリカの財政支出はGDPのわずか1・3%しかありませんでした。単純な比較はできませんが、現在のアメリカの財政支出は30%を大きく超えていますので、隔世の感があります。

なぜ当時のアメリカの財政支出が少なかったかというと、ざっくりいえば、軍事費が少なかったからです。

誤解されがちですが、アメリカ国民というのは、本来は戦争を非常に嫌がる国民なのです。現代の我々の感覚からみれば、アメリカという国は世界中のいろんな紛争に首を突っ込む「好戦的な国」というイメージがありますが、アメリカの国民自体は、戦争を避けたがる性質があるのです。

アメリカという国は、自由主義であり、個人主義です。個人個人が自己の利益を追求するのを是とする国民性です。戦争というのは、ごく一部の人たちを除いては、損にしかなりません。

またアメリカは、農業大国であり、工業大国であり、資源大国でもあります。だから、アメリカの国民性として、「戦争は無駄なこと」という考え方があったのです。

そのアメリカが、なぜ1913年に所得税を創設したのかというと、当初は関税を下げるのが目的でした。

なぜ関税を下げたかったのかというと、「関税は貧富の差を広げる」ということで、世間の批判があったからです。関税というのは輸入品に均等にかかるため、金持ちも貧乏人も輸入品を買えば払うことになります。

当時のアメリカは、衣料品などの生活必需品も輸入に頼っていました。だから、日常生活を送っていくうえでは、金持ちも貧乏人も輸入品を買わなければなりません。

貧乏人は収入に占める消費の割合が高いものです。貯金をする余裕がありませんから、収入のほとんどが消費で消えてしまいます。その消費の中には、輸入品も多く含まれており、その輸入品の価額には関税が含まれています。

一方、金持ちは、収入のうち消費に回すお金はごく一部です。だから、収入における関税の負担割合も高くはありません。つまり、「収入のほとんどを消費してしまう貧乏人ほど、関税の負担割合が高くなる」ということです。

そのため、関税は貧富の差を広げるということで、関税を減らし、金持ちを中心に課せられる「所得税」を創設しようということになったのです。

この所得税は、基礎控除が夫婦で4000ドル、独身者で3000ドルありました。当時の労働者の平均年収が１２００ドル程度でしたので、ほとんどの国民には所得税は課せられませんでした。金持ちにしか課せられない税金だったので、貧富の差を小さくするものだったのです。

しかし、この所得税もすぐに国民全般に課せられることになります。

所得税が創設された直後に、第一次世界大戦が始まるからです。

当初、アメリカはこのヨーロッパの戦争には参加していませんでした。が、大戦の終盤に、英仏をはじめとする連合国側からしきりに参戦を求められました。連合国に巨額の融資をしていたアメリカは、融資が焦げつくのを恐れて、参戦を承諾しました。

この戦争は、アメリカにとって初めてといえる「本格的な海外派兵」でした。

アメリカの財政支出は激増し、大戦前の20倍以上になりました。アメリカは、この巨額に膨れ上がった財政支出を賄うために、つくったばかりの所得税を一時的に大増税しました。

そして、この所得税が戦後もそのままにされ、今ではアメリカ政府の歳入の中心になったのです。

もしアメリカが１９１３年に所得税を創設していなければ、アル・カポネの逮捕もなかったかもしれませんし、第一次世界大戦のアメリカの参戦もなかったかもしれません。

第9章　ロスチャイルド家は相続税で衰退した

19世紀最大の金融家ロスチャイルド

近代ヨーロッパ史にその名を残す大財閥ロスチャイルド。

ロスチャイルド家は、現在でも金融業、ワイン醸造、レジャー産業、百貨店経営など世界経済に大きな影響力を持っています。

あまり知られていませんが、ロスチャイルド家は税金のために大きく衰退してしまった歴史を持っています。その一方で、大掛かりな方法で巨額の税金を逃れたこともありました。

大富豪ロスチャイルド家の歴史は、フランス革命の少し前に始まります。

ロスチャイルド家の始祖マイヤー・アムシェルは、1744年、ドイツ・フランクフルトのゲットーに生まれました。

ドイツのハノーヴァーの銀行で奉公をし、金融業の仕組みを学んだマイヤー・アムシェルは、故郷に戻って古銭商を始めます。

当時は今のように古銭のコレクターなどがそう多くはなく、せいぜい物好きな貴族や富裕層のマニアックな楽しみでした。そのためマイヤーは、普通の人から無料同然で古銭を仕入れ、貴族の家を回ってそれを売り歩いたのです。

やがてプロイセン（東ドイツ地方）の君主であるフリードリヒ大王の皇太子ヴィルヘルム公が顧客の一人になりました。ヴィルヘルム公は、領内の若者に軍事訓練を施し、傭兵としてイギリスなどに貸し出すという事業を行い、ヨーロッパ随一の資産家でした。

金融の知識もあったマイヤーは、ヴィルヘルム公の財政運営にも関わるようになりました。フリードリヒ大王の死後、その資産をヴィルヘルム公が継ぐに至り、マイヤーの事業も拡大していきました。そしてマイヤーは、マイヤー・ロスチャイルドと名乗るようになりました。ロスチャイルド家の誕生ということです。

マイヤー・ロスチャイルドには5人の息子がいました。彼はこの息子たちが成人すると、それぞれをフランクフルト、ロンドン、パリ、ウィーンに行かせました。

これは典型的なユダヤ商法だともいえます。ユダヤ人は、世界各国に離散しているので、親戚や知り合いが世界中にいます。そのネットワークを駆使して、利益を上げるのです。これがユダヤ人の成功の秘訣《ひけつ》でもあるのです。

ロスチャイルド家も、この5人の息子たちのネットワークによって大成功を収めるのです。

1796年から、ナポレオンによるヨーロッパ征服戦争が始まります。ロスチャイルド家が、世界的な資産家になるのはこのナポレオン戦争のときです。

ナポレオン戦争時、ドイツはフランスの占領下にありました。ロスチャイルドの主人だったヴィルヘルム公は、亡命を余儀なくされました。そして資産の管理をロスチャイルドに任せたのです。ロスチャイルドは息子5人をヨーロッパ各国に分散させていたので、安全な地に資産を隠してもらおう、ということでした。

そして、必然的にナポレオンがまだ征服していない地イギリスにいた三男のネイサン・ロスチャイルドに多くを頼ることになりました。

そして、ネイサン・ロスチャイルドは「ワーテルローの戦い」で莫大な富を築くことになります。

ナポレオンとイギリスが雌雄をかけて争ったこの戦争のとき、ロスチャイルド家はイギリスの公債を大量に保有していました。もしイギリスが負ければイギリス公債は暴落し、巨額の損失を出すことになります。

ロスチャイルド・イギリス分家のネイサン・ロスチャイルドは、ワーテルローでのイギリスの勝利の情報をいち早く摑みました（ネイサンが自分で観戦していたのではないかという説、伝書鳩で知ったという説もあります）。

イギリスの勝利を知ったネイサンは、しかしイギリスの証券取引所でイギリス公債を売却します。イギリス国内ではイギリス軍劣勢の情報が伝えられていたので、ネイサンの公債売却を見て、証券取引所はパニックとなりました。投資家はイギリスが負けたと思い、一斉に売りに走ったのです。

そしてイギリス公債が暴落したところを、ネイサンは二束三文で大量に買い戻しました。やがてイギリスの勝利が伝えられ、ネイサンは巨額の利益を上げることになったのです。

しかしこの話は、現実よりもかなりオーバーに伝えられているようです。

近年、ロンドンの証券取引所が調査したところによると、ワーテルローの戦い前後で、イギリスの公債相場にはそれほど大きな変動はなかったということです。

ただし、ネイサン・ロスチャイルドが、ナポレオン戦争時にかなり手荒い商いをしていたのは事実です。ロスチャイルド家はこのときの資産を元手に銀行業に進出し、19世紀には世界最大の銀行家になったのです。

「スエズ運河の買収資金をイギリスに貸す」という桁外れの財力

ロスチャイルド家の財力を世界に知らしめたのは、イギリスのスエズ運河買収の際です。

スエズ運河は、地中海と紅海（スエズ湾）を結ぶ運河であり、ヨーロッパとアジアを結ぶ最短の航路です。１８６９年、掘削によって航路が開通しました。当初イギリスは、掘削事業を不可能と見て参加せず、フランスが中心となってスエズ運河会社がつくられました。

スエズ運河が開通すると、世界貿易の中心的な航路になりました。それまでは、ヨーロッパからアジアに船で行くには、喜望峰を回るしかありませんでしたが、スエズ運河を通ることによって、42%も短縮されたのです。

当時、インドを植民地に持ち、世界一の海運国だったイギリスにとって、それは喉元にささった魚の骨のようなものでした。スエズ運河を利用する船舶の4分の3はイギリス船籍だったからです。イギリスにとっての貿易の大動脈をライバル国フランスに握られてしまったのです。

イギリスは、スエズ運河会社の株取得を狙っていましたが、1875年にそのチャンスが訪れました。フランスとともにスエズ運河会社の大株主になっていたエジプトが財政悪化のためにスエズ運河株を売却しようとしたのです。

当時のイギリス首相ディズレーリは、ロスチャイルド家で夕食に招かれているときに、この情報を知りました。フランスが動かないうちに、スエズ運河株を取得したかったディズレーリは、議会に諮《はか》らず独断で取引を進めました。そしてスエズ運河株取得の資金は、ロスチャイルド家が融資したのです。

融資額は400万ポンド、当時このようなお金を即金で出せる者は、世界中にロスチャイルド家くらいしかいなかったのです。

ナチスの重税と戦争被害

ロスチャイルド家は、現在も大富豪には変わりはありません。

しかし19世紀当時と比べれば、その影響力の減少は否めません。かつてのような世界を動かすほどの財力は、持ち得ていません。

ロスチャイルド家が衰退した理由は、いくつか考えられます。

まず二つの世界大戦です。

そもそも戦争というのは、国同士の資産の消耗戦なのだから、資産を持っている者にとってはそれを失う可能性が高くなります。特にロスチャイルド家のような、ヨーロッパ各国に分散している資産家は、どこの国が勝って、どこの国が負けても、ある程度資産を失うことになるのです。

第一次、第二次の世界大戦でもロスチャイルド家は大きな痛手を受けました。財産だけではなく、人的損失もあったのです。

ロスチャイルド一族の5本の矢のうちの一つ、ウィーン分家は、第二次世界大戦中に消滅しています。ナチス・ドイツがオーストリアを併合したとき、ウィーン分家の当主、ルイ・ナサニエル・ロスチャイルドはゲシュタポに拘留されました。ルイ・ロスチャイルドは、ウィーン・ロスチャイルド銀行の責任者であり、ロスチャイルド・ファミリーの支柱の一つでした。

もちろん、ロスチャイルド家は一族を挙げて身の安全を働きかけましたが、ナチス・ドイツはウィーン・ロスチャイルド家の財産すべての供出を求めました。

ロスチャイルド家はこの身代金的な重税を支払い、ルイ・ロスチャイルドは命からがらウィーンから脱出することができましたが、このときのショックのためか戦後、事業家として復活することはありませんでした。

ナチス・ドイツが接収した財産は、戦後、共産党政権下のチェコスロヴァキア政府が受け継ぎ、ロスチャイルド家に賠償されました。が、その賠償額は、資産価値の3分の1以下だったということです。

また第一次、第二次世界大戦とも、ロスチャイルド家の人々も兵士として戦場に出ています。当時からロスチャイルド家は、世間から特別な目で見られていました。その彼らが戦争にまったく行かないとなれば、世間から強い批判を浴びることになります。だから、彼らはあえて戦地に赴いたのです。

第二次世界大戦では、ロンドン家の当主エドムンドは連合国側でつくられたユダヤ人だけの軍隊の将校となりました。

ナチス占領時のフランスでは、ドイツ以上にユダヤ人の迫害に激しいものがありました。ユダヤ人は、公職や社会の重要な職業から追われることになりましたが、その職業の中に銀行家も含まれていました。当然、ロスチャイルド・パリ家もその対象となりました。

フランスに残っていたロスチャイルド・パリ家のエドモン、ロベール、アンリはフランス国籍を剥奪されました。事実上、ロスチャイルド家はフランスから追放されたわけです。

そしてこのパリ家の中からは犠牲者も出ました。ロスチャイルド・パリ家の当主ギー・ド・ロスチャイルドの母方の家族はほとんどが収容所で亡くなったのです。

またロスチャイルド一族のフィリップ男爵の妻は、ユダヤ人ではないにもかかわらず、ロスチャイルドという名前のために収容所に送られ帰らぬ人となりました。

ロスチャイルド家は相続税で衰退した

ロスチャイルド家が衰退した理由は、戦争ばかりではありません。アメリカでの投資で、出遅れたことも大きいといえます。

20世紀以降、世界最大の経済大国として君臨するアメリカを、当初ロスチャイルド家はそれほど重く見てはいませんでした。

19世紀、イギリスがもっとも隆盛を誇ったときに、イギリス金融界の中心にいたロスチャイルド家は、アメリカのことを世界の片田舎としてしか見ていませんでした。アメリカという国はヨーロッパからはじき出された者が開拓したという面があるので、それは無理のないところでもあります。

ロスチャイルド家も、ユダヤ系投資銀行クーン・ローブ商会などを通じて、アメリカに投資をしたりしていましたが、それほど積極的なものではありませんでした。

ロスチャイルドのアメリカでの代理商オーガスト・ベルモントは、たびたびロスチャイルドに対してアメリカでの投資を促しましたが、ロスチャイルド側の反応は芳しいものではありませんでした。

そうこうするうちに第一次世界大戦が起き、イギリスは世界最大の経済大国の地位をアメリカに奪われます。イギリスの凋落とともに、ロスチャイルド家の世界経済への影響力も減じていったのです。

そして、ロスチャイルド家が衰退した最大の理由は、税金です。

ロスチャイルド家が、銀行家として勃興したとき、イギリスには「所得税」がありませんでした。そのため、ロスチャイルド家は、稼いだ金をそのまま資産として蓄積し、再投資することができたのです。逆にいえば、ロスチャイルド家が、急激に銀行家として頭角を現したのは、所得税がなかったからともいえるのです。

しかし、18世紀末にイギリスで所得税が導入され、それはヨーロッパ中に広がりました。

さらに20世紀になると、相続税が大きく拡大されました。

相続税は古くから存在し、古代ローマ帝国の時代にもあったものです。その後も多くの地域で、長い間、相続税は採り入れられてきました。が、相続税の大半は資産の2～3％を徴収されるものであり、それほど大した税金ではありませんでした。

しかし、20世紀に入ると、ヨーロッパ諸国はこぞって相続税を大幅に拡大するようになったのです。

それは、当時の世相を反映しています。第一次世界大戦後、共産主義革命の波を恐れたヨーロッパ諸国は、国民の反発を防ぐために、資産家に対して多額の相続税を課すようになったのです。ロシア革命などで、富裕層の多くが惨殺される様子を見れば、金持ちたちも同意せざるを得なかったのです。

この相続税がロスチャイルド家に大きな打撃を与えたのです。

この相続税のために多くの資産家は、以前ほど富を蓄積していくことができなくなりました。それまではせいぜい遺産の数％を払えば済んでいたものが、遺産の半分前後を取られるようになったのです。

もちろん大富豪たちはあの手この手を使って相続税を逃れようとしてきましたが、

国民やマスコミの注視するなか、そうそう逃れられるものではありません。そのため中世には見られたおとぎ話のような大富豪も、現代ではほとんどいなくなりました。

またロスチャイルド家は、20世紀に入っても事業を株式会社化せずに、家族経営の形態を取り続けていました。それが相続税の導入で、裏目に出るのです。

株式会社にすれば、株主に対して資産状況などを公開しなければならないので、それを嫌ったこともあるでしょう。またロスチャイルド家は、大きな資産を持っていたので、当初は、ほかの株主から資金を集める必要性もあまりなかったのでしょう。

しかし株式会社にしていなかったため、ロスチャイルド家は相続税で大きなダメージを被ることになるのです。

ロスチャイルド家の資産のほとんどが個人名義となっていました。個人名義の資産には、まともに相続税が課せられます。

そのため、かつてロスチャイルド家が所有していた城（のような豪勢な建物）のほとんどは、相続税の支払いのために手放さざるを得なかったのです。

そして、ロスチャイルド家の個人資産が減るということは、金融家としての資本力を大きく減じることになりました。つまり、ロスチャイルド家は相続税のために、個人資産を減らしただけでなく、金融事業の原資も減らしてしまったのです。

ロスチャイルド家の相続税に関しては面白い話があります。

1949年6月に、パリ分家のエドゥアール・ド・ロスチャイルドが死んだとき、一族が保有している企業、石油会社のロイヤル・ダッチ・シェル、鉱山会社のル・ニッケル、ダイヤモンド会社のデ・ビアスなどの株が突然、急落したのです。

フランスでは、相続資産としての株は、資産家が死亡したその日の終値が相続価額となります（日本でもそうなっています）。だから、エドゥアール・ド・ロスチャイルドが死亡したときに、一族を挙げて株を売却し、エドゥアール・ド・ロスチャイルドの相続資産の価値を下げたのです。もちろん翌日以降には買い戻され、値は戻りました。

「ワーテルローの戦い」のときに大儲けをした伝説と、非常によく似たエピソードです。

このような相続税対策にもかかわらず、ロスチャイルド・パリ分家は、1975年には、当家にとって由緒あるフェリエールの館をパリ大学に寄贈することになりました。維持費や相続税のことを考えれば、とても持ち続けることはできなかったのです。

またパリ分家は、さらなる困難に遭いました。

1981年、フランスの銀行国有化政策により、ロスチャイルド銀行は接収されてしまうのです。1984年、銀行はロスチャイルド家に買い戻されますが、ロスチャイルド銀行という名称は使えないという条件がつけられました。

20世紀、共産主義の登場などで、金持ちに厳しい政策が採られるようになりましたが、ロスチャイルド家はその影響をもろに被ったのです。

第10章　ヒトラーの「逃税術」と「徴税術」

ヒトラーも税金に悩んでいた

ヒトラーというと、他国への侵攻やユダヤ人の迫害など、「世界史上の極悪人」とされている人物です。

第二次世界大戦を引き起こした張本人として、小学校の教科書にも載っています。

このヒトラー、実は脱税をしていたことをご存知でしょうか?

ヒトラーが政権を取る前、ヒトラーは『我が闘争』という本を出版し、それが大ベストセラーになりました。その本からの収入を脱税していたことが、近年の研究で明らかになったのです。

そもそも、ヒトラーとは、どういう人物だったのか、簡単にご紹介しましょう。

ヒトラーは、1889年オーストリアで、税関吏の子として生まれます。

少年時代は落第を二回も経験しており、決して優秀ではなかったようです。

16歳のとき、父親の死をきっかけに、実業学校を退学し画家になるためにウィーンに出ます。が、多くの普通の人と同様に、憧れに才能が追い付いていなかったようで、美術大学を二回受験しますが二回とも失敗してしまいます。

ウィーンでは不遇の時代を過ごし、浮浪者に近い状態のときもあったそうです。

ただ、当時のオーストリアやドイツの青年たちにとって、これは特別な状況ではありませんでした。景気もよくありませんでしたし、何かを求めて都会をうろうろする若者はたくさんいたのです。

１９１４年、勃発した第一次世界大戦では、オーストリア国籍のままドイツ帝国の志願兵になります。オーストリアからも召集令状が届いていましたが、彼はそれを蹴ってドイツ帝国の陸軍を選んだのです。ヒトラーは、オーストリア人でしたが、ドイツに対する強い憧れがあったのです。

優秀な伝令兵だったヒトラーは１９１８年には、一級鉄十字章を授与されます。志願兵がこれをもらうことは稀《まれ》でした。

が、毒ガス攻撃で目を負傷してしまい、そのまま野戦病院で終戦を迎えました。

戦争の後、ヒトラーは何をしていたのかというと、さえない日々を送っていたのです。

軍でのかつての上司が、そんなヒトラーを心配して、ある職務につかせます。軍の情報員（スパイ）として、激増した政党や反動分子の調査をするという仕事です。

この頃のドイツは、自由で民主的なワイマール共和政の下、雨後のたけのこのように新しい政党が誕生していました。また過激な右翼や共産主義者が治安を乱すことも多かったのです。

そこで軍は情報員を派遣して、彼らの内情を探らせていました。ヒトラーにその仕事を与えたのです。

ヒトラーは「ドイツ労働者党」に潜り込み、情報を収集することになりました。しかし、「ドイツ労働者党」の集会に参加するうちに、この党に感銘を受け入党してしまいます。ミイラ取りがミイラになったわけです。

この「ドイツ労働者党」がナチスの元となる組織です。

ヒトラーが入党した当時「ドイツ労働者党」は50人程度の小党でした。ヒトラーは、その弁舌で次第に党の中心的人物になっていき、１９２０年には軍をやめ党務に専念し、その翌年には党首となります。

1923年、「ドイツ労働者党（ナチス）」はミュンヘンで政権の奪取をもくろみクーデターを起こしました。これが「ミュンヘン一揆」と呼ばれるものです。

このクーデターは、警察や軍などの協力が得られず、失敗に終わります。ヒトラーは逮捕され、ナチスは非合法とされます。

ヒトラーは禁錮《きんこ》5年の判決を受けランツベルク刑務所に収容されてしまいます。が、この期間に口述筆記で『我が闘争』を執筆するのです。この『我が闘争』が大ベストセラーとなり、ヒトラーの名を一躍有名にすることになります。

『我が闘争』の印税にかかった莫大な税金

当時『我が闘争』が実際にどのくらい売れたのか、明確なデータはありません。

「実際にはそんなに売れていないはず」

と言う歴史家もいます。

しかし、それは事実ではありません。

なぜならヒトラーは、ナチスが政権を取る前に莫大な印税を手にしており、この金で、オーベルザルツベルクに別荘を購入しているからです。

2004年12月に、ロイター通信などの報道で興味深いニュースが報じられました。

ドイツ・バイエルン州の税金問題の専門家が、ミュンヘンの公文書館で、政権獲得前のヒトラーの納税記録を発見したというのです。

この納税記録によると、ヒトラーは、1925年からナチス政権獲得の1933年までの8年の間、ミュンヘンの税務当局から納税の督促を受け続けていました。

しかしヒトラーはいろいろな理由をつけて納税を逃れようとしていたようなのです。

ヒトラーは1925年に著した『我が闘争』で、約123万ライヒス・マルクの収入を得て、60万ライヒス・マルクの税金が発生していました。しかし、3分の1の20万ライヒス・マルク程度しか払っておらず、約40万ライヒス・マルクが滞納となっていました。

ヒトラーが『我が闘争』で得た約123万ライヒス・マルクというのは、現在の日本の貨幣価値にしてだいたい25億円程度です。

本一冊でこれだけの収入を得るというのは、すごいことです。

現在、日本で本の印税で25億円の収入を得るためには、1200円の本を2000万部くらい売らないと得られません。もちろん当時のドイツの本の著作権料の仕組みは、今の日本の仕組みとは全然違いますから、単純な比較はできません。が、空前の大ベストセラーだったことは明らかなようです。

当時のヒトラーは食うや食わずの生活をしていたわけですから、いきなりのこの収入には自分自身、度肝を抜かれたはずです。そして、「突然、大きな収入を手にした人」にありがちなことですが、税金のことはまったく考慮していなかったと思われます。

しかし大きな収入を得た人に対しては、後から必ず税金の催促がきます。

ヒトラーは、どうにかして請求額の3分の1の20万ライヒス・マルクは払ったのです。しかし、残りの40万ライヒス・マルクは払っていませんでした。お金がなかったのか、政治資金として残していたのかは、定かではありません。

そして、あの手この手で税金を逃れようとしました。

前述したように、「近代的所得税」は、18世紀の終わりにイギリスで初めて導入されました。その後、欧米諸国がこぞってこの「近代的所得税」を導入しました。

この「近代的所得税」は、「課税所得」の額を細かく計算するというのが特徴です。

それまでの「所得税もどき」というのは、税金役人が各人の財産や日ごろの生活などから、だいたいの収入を概算し、課税するという大雑把なものでした。

が、近代的所得税では、その年の収入の額を正確に出し、必要経費を差し引いて「課税所得」を算出するのです。

この近代的所得税から「節税」という概念が生まれたといえます。必要経費を使うことにより、税金の額を減らすのです。

ヒトラーも、この「節税」を頑張って行っていたようです。

ヒトラーは、当時、まだ庶民には珍しかった自家用車を購入し、これを必要経費で落とそうとしたりもしたようです。今の事業者もよくやる節税の方法ですね。

が、それでも納税額を減らすことはできませんでした。

ところが、ヒトラーは１９３３年に政権を取ってしまうわけです。

そしてミュンヘンの税務当局の方が忖度《そんたく》をし、税務署長がヒトラーに書簡で「これまでの滞納額を帳消しにする」と申し出たそうです。これに対し、ヒトラーの側近が「提案を受け入れる」と連絡しました。

ちなみに、この税務署長は1か月後に、ドイツの税務本庁のトップに昇進し給料は41%増となったそうです。

『我が闘争』の内容とは?

ところで、この大ベストセラーになった『我が闘争』の内容とはどんなものだったのでしょう?

ざっくりいえば、「強いドイツを取り戻そう」という、とてもナショナリズムに満ちた本です。しかも内容は、ヒトラーの独創的なものはほとんどなく、当時のドイツの右翼活動家などがよく口にしていたことを、かいつまんでまとめたというようなものでした。

なぜこういう本が売れたのかというと、当時のドイツ社会の状況にうまくマッチしたからだと思われます。第一次世界大戦で、ドイツは敗北してしまい、およそ330億ドルという桁外れの賠償金を課されました。これはドイツの税収の十数年分というめちゃくちゃなものでした。第一次世界大戦では、ドイツは決定的に負けていたわけではなく、「無賠償」という条件を提示されたために、休戦を受け入れたのでした。にもかかわらず、戦争が終わると国内の政治混乱を見透かされ、莫大な賠償金をふっかけられたのです。

また1923年には、賠償金の遅延を理由に、フランス軍がドイツ最大の工業地域ルールを占領しました。ルール工業地域は、ヨーロッパ最大の炭鉱があり、ドイツ経済の心臓部であり、ドイツ人の誇りでもありました。当時のドイツは事実上の武装解除をされており、侵攻してきたフランス軍になすすべもありませんでした。

ドイツ人のプライドがずたずたに傷ついたのは、いうまでもありません。

『我が闘争』は、このルール占領のすぐ後に書かれたものなのです。

またヒトラーはこの本で、ユダヤ人のことを滅茶苦茶に中傷しています。

現代人が読めば、「トンデモ本」にさえならないような悪い冗談的な内容ですが、この当時のドイツ人はこういう思想を待望し、受け入れる土壌があったのです。

　この当時のドイツは、深刻な失業問題を抱え、社会が疲弊し尽くしていました。こういうときは、民族主義やナショナリズムがもてはやされます。

　そして弱者、少数派イジメが始まるのです。

「今の社会が悪いのはユダヤ人のせいだ」

　というのは、メッセージとしてはとてもシンプルです。職も金もなく、生活に疲れたドイツ国民たちは、このシンプルなメッセージに飛び付いたのです。

　そして、この当時のドイツには、「ユダヤ人の悪口を言えば、もてはやされる」という雰囲気がありました。ヒトラー政権誕生前のドイツは、ユダヤ人に寛容であり、多くのユダヤ人がドイツに移り住んでいました。

　彼らは総じて優秀で、商売もうまく、ドイツ社会の中枢で活躍していました。

　当時のドイツでは、ユダヤ人の人口は全体の0・75％にしかすぎませんでしたが、政治家や大学教授のかなりの割合を占めていました。また金融業、百貨店など経済関係の支配率も高かったのです。ユダヤ人の平均収入は、ほかのドイツ人の3～4

倍もあったそうです。

ドイツ人から見れば、「自分たちは苦しんでいるのに、よそ者が甘い汁を吸いやがって」という気持ちがあったのです。

『我が闘争』の売れ行きに比例して、ナチスの支持者は激増します。

そして1932年の総選挙では、ナチスは第一党になるのです。誤解されている方も多いようですが、ナチスは武力で政権を取ったわけではありません。ドイツ国民から選ばれて、政権を担うようになったのです。

しかし『我が闘争』という悪い冗談で政権を取ったナチスは、悪い冗談に束縛されていくことになります。ヒトラー、ナチスを中心として、ドイツ社会全体が、加速度的にユダヤ人を迫害するようになっていったのです。

ナチスのユダヤ人迫害政策には、同盟国の日本でさえ批判的でした。日本の外交官の杉原千畝《ちうね》が、ユダヤ人難民に大量のビザを発給したのは、よく知られたところです。

世界中がナチスの敵に回ったのは、当たり前のことだともいえます。ナチスは

『我が闘争』という悪い冗談で政権を取り、その悪い冗談のために崩壊したといえます。

「源泉徴収制度」という発明

自分は税金を逃れたヒトラーですが、政治家としてのヒトラーは税金政策が非常に巧みでした。日本人にもおなじみの「源泉徴収制度」の原型をつくったのも、ナチスだといわれているのです。

ヒトラーは政権を取るとすぐに大規模な税制改革を行います。

しかし、それはただ単に国民から多くを搾取するというものではありませんでした。

むしろ、大衆の税金を少なくし、企業や富裕層の税負担を増やすというものでした。ヒトラーは大衆の人気を得て政権を取ったので、大衆の気に入るような政策を講じたのです。

扶養家族がいればその分だけ税金が安くなる「扶養控除」を創設し、低所得者の税金は大幅に軽減させました。

その一方で、大企業には6%を超える配当金の禁止や、利益を強制的に預金させるなどの実質的増税を行いました。

そして、税制改革の一環として、「源泉徴収制度」を採り入れたのです。

一般の労働者にとっては、年に一回、多額の税金を払うのは負担です。だから、一年分を一括して払うのではなく、毎週、毎月の給料から少しずつ払う制度をつくったのです。しかもそれは、自分で払うのではなく、会社が給料からあらかじめ天引きするのです。

これにより、労働者の税金に対する負担感は大きく減少し、また税務当局も徴税が非常に楽になったのです。

この制度は、世界各国で採用され、戦時中の日本も、ナチスにならって、源泉徴収制度や扶養控除を導入しました。今でもそれが生きていることは、ご存知のとおりです。

源泉徴収は悪魔の発明か?

この源泉徴収の制度は、一見、労働者に優しいように思われますが、為政者の使い方によっては悪魔の制度にもなるのです。

源泉徴収は税務当局にはとても都合のいい制度です。

会社が給料からあらかじめ天引きするので、取りっぱぐれがありません。また給料を払っている会社が税金を計算するので、過少申告などもありません。会社としても、自社の税金ではなく、従業員の税金であり、自分の懐が痛むわけではありませんので、正確に計算するのです。

源泉徴収制度というのは、徴税コスト(税金を取るための費用)も非常に安いのです。

申告から徴税までをすべて会社がやってくれますから、税務署としては、たまに間違いがないかチェックするだけでいいのです。

たとえば、現在の日本では所得税の80%以上は源泉徴収で納められていますが、税務署の源泉徴収担当者は、所得税担当者の1割程度しかいないのです。いかに、源泉徴収という制度が、徴税効率がいいかということです。

ただ、この源泉徴収制度のもとでは、労働者（サラリーマン）は自分がいくらくらい税金を払っているのかわからないという弊害が出てきます。労働者は手取り額しか見ませんので、もし手取り額が思ったよりも少なかったとしても、税金が高いのか給料が安いのか、簡単には判断がつきません。

そのため増税をしやすいのです。

つまり、源泉徴収制度というのは徴税もしやすいし、増税もしやすいのです。税務当局から見れば、これほど美味《おい》しい制度はないのです。

日本でこの源泉徴収制度が導入されたのは、けっこう早く戦時中の昭和16年のことです。同盟国ナチス・ドイツにならって導入されたのです。

信じられないことかもしれませんが、それ以前のサラリーマンの給料には、税金はかけられていませんでした。

会社は収入の中から社員に給料を払います。会社の収入にはすでに税金がかかっているので、社員の給料に税金をかければ二重取りになります。だから戦前は、サラリーマンの給料に税金をかけるなんて非常識と思われていたのです。

でも、戦争が激しくなって戦費がいくらあっても足りないようになり、特別税としてサラリーマンからも源泉徴収するようにしたのです。

しかし戦争中に源泉徴収の美味しさを知った税務当局は、戦争が終わってもこれを手放そうとはしませんでした。だから現代の日本のサラリーマンの源泉徴収税というのは、戦争中の特別税が今でも続いているということなのです。

現在、日本のサラリーマンは、世界的に見てもかなり高額な税金、社会保険料を払っているのに、あまり文句を言いません。それは、自分が実際にどのくらいの税金、社会保険料を払っているのか、よくわかっていないからだと思われます。

が、税金や社会保険料は、サラリーマンの負担になっていないわけではありません。日本の消費は、近年ずっと下がってきているのです。つまり、国民が知らず知らずのうちに、少しずつ生活が苦しくなっているというわけです。

源泉徴収制度というのは、こういう悪魔的な要素を多分に秘めているのです。

第11章　ビートルズ解散の原因は税金だった？

税金に苦しめられていたビートルズ

20世紀最大のミュージシャンであり、音楽をビッグビジネスに変えたビートルズ。ビートルズは、人気絶頂でありながらわずか8年で解散してしまったわけですが、このビートルズの歴史にも税金が深くかかわっているのです。さらにいえば、ビートルズの解散は、税金が大きな理由の一つでもあるのです。

ビートルズのことをあまり知らない若い方のために、まずビートルズのことを若干、ご説明しましょう。

ビートルズというのはイギリス・リバプール出身で、リーダーのジョン・レノン（ボーカル、ギター）、ポール・マッカートニー（ボーカル、ベース）、ジョージ・ハリスン（ボーカル、ギター）、リンゴ・スター（ボーカル、ドラム）の4人組のロックバンドです。

彼らは、マッシュルームカットに清潔なスーツ姿という「インテリな雰囲気」が特徴でもありましたが、実際は、労働者階級の不良たちでした。彼らのいたリバプールという町は、昔、奴隷貿易で栄えた、イギリス有数の港町でした。日本でいえば、横浜か神戸のようなところです。ビートルズは、黒人や外国人もたくさん出入りするバーで、一晩中演奏するなどして、技術を磨きました。

彼らのいでたちは、リーゼントに革ジャンという、いかにも当時の不良という感じでしたが、デビューするときにマネージャーのブライアン・エプスタインがイメージをよくするために、清潔で知的な格好にさせたのです。

ビートルズは、ノリのいいアップテンポの曲と、美しいハーモニーを持っていました。

そして、ジョンのハスキーで力強い声、ポールの美しい高音、ジョージの地味だけれども味わいのある歌声と、曲ごとにボーカルが変わるという斬新なスタイルを持っていました。当時のロックバンドは、リード・ボーカルはだいたい一人に固定されていて、人気もリード・ボーカルに集まるというのが一般的でした（今でもそういう傾向があります）が、ビートルズはメンバー全員がボーカルをこなすので、メンバー全員がそれぞれに人気があるという特徴も持っていました。

ロックバンドが自分たちで曲をつくるというスタイルを確立したのも、ビートルズです。

彼らは曲の中に様々な新しい工夫を採り入れ、ポピュラーミュージックの領域を飛躍的に広げました。ポップス、ロックンロールにとどまらず、テクノ、ハードロック、ヘビーメタル、パンクロックや、はてはヒップポップ、ラップに至るまで、その元祖はビートルズだったとされています。

ビートルズの曲は、今でも普通にテレビ番組のテーマソングとして使われたりもしています。

たとえば、テレビ東京の「開運！なんでも鑑定団」のオープニングテーマソングは、ビートルズの「ＨＥＬＰ！」という曲です。50年以上前の曲が、今のテレビ番組の主題歌に使われても違和感がないのですから驚きです。

まあ、ビートルズの音楽については、書き出すときりがありませんし、ほかに詳しい書物がたくさん出ていますので、もし興味がおありの方はそちらをあたってください。

本書のテーマは税金ですので、そちらの話に行きたいと思います。

ロックを巨大な市場に変えた

ビートルズは、ロックを巨大な市場にしたアーティストです。

ビートルズがアメリカに上陸した1964年からビートルズが解散する直前の1969年にかけて、アメリカのレコード市場は約3倍に膨れ上がっています。これはアメリカだけではなく、世界的にもいえることで、ビートルズの出現が、音楽市場を大きく拡大したといえるのです。

ビートルズは、特にアルバム・レコードの市場を飛躍的に拡大しました。

アメリカでも、イギリスでも、売上歴代10位までのアルバム・レコードの中に、ビートルズ以前のものは一つもありません。ちなみに、イギリスのアルバム売上の歴代ナンバー1は、ビートルズの「サージェント・ペパーズ・ロンリー・ハーツ・クラブ・バンド」です。

アルバム・レコードが売れるということは、それだけ「ビートルズのすべての曲が素晴らしい」ということでもあります。それまでのミュージシャンは、シングル・レコードには力を入れるけれど、アルバム・レコードは曲の寄せ集めという傾向がありました。しかし、ビートルズは、アルバムのすべての曲にいい曲を入れたために、アルバムが爆発的に売れたのです。アルバムの方が値段は高いので、それだけ市場が広がることになります。

そして、ビートルズ以降は、ほかのミュージシャンも、アルバムに力を入れるようになり、ポピュラーミュージック全体の市場が拡大したのです。

しかし、それは彼らに幸運だけを与えたわけではありません。

市場が拡大し大きな金が動くようになると、様々な問題が発生してきます。特に彼らの場合は、先駆者でしたので、ミュージシャンが初めて経験するような「金銭的な問題」が多発したのです。

しかも彼らは、自分たちで曲もつくっていたので、著作権印税も生じていました。そのお金は、彼らの想像がつかない天文学的な数字になっていました。その巨額のお金に、翻弄《ほんろう》されるようになるのです。

ビートルズはデビューするときに、契約内容をあまり深く検討していませんでした。当時は、「ロックで食べていける」ということなどは夢物語のように思われていたので、彼らは、デビューできるだけで大喜びで、その後の収入の配分のことなどはあまり考えていなかったのです。

だから、ビートルズの収入は、その売上に比べればかなり低いものでした。彼らも後からそれに気づき、関係者と交渉して改善を試みましたが、なかなからちが明きませんでした。彼らのこのときの苦労は、後のミュージシャンたちの教訓になりました。

名曲「タックスマン」は税務署員への皮肉を歌ったもの

が、ビートルズを悩ませた本当の金銭問題は、そこではありませんでした。

彼らが直面した最大の問題は「税金」でした。

契約内容が悪かったといっても、あれだけ売れたのですからビートルズには莫大な収入が入ってきました。もちろん、その収入に対して、巨額の税金が課せられました。

当時のイギリスの税制では、労働党政権のもと、個人の所得には高い税率が課せられていました。ビートルズのような高額所得者には80％以上の所得税が課せられ、さらに付加税もあったので、90％以上が課税されていたのです（この高税率は１９７９年のサッチャー政権による税制改革まで続きます）。

戦後の先進国の所得税というのは、だいたいこれくらい高いものでした。日本でも、バブルくらいまで高額所得者の所得税率は、80％前後あったのです。

当時は、東西冷戦真っ最中のときであり、共産主義革命を恐れて、西側諸国では富裕層に高額な税金をかけていたのです。

そのとばっちりをもろに食ったのがビートルズだったというわけです。

筆者は「金持ちはそれなりに税金を払うべきだ」と考えており、昨今の先進国の税制は金持ちを優遇しすぎていると思っていますが、この時代のビートルズの税金に関しては同情すべき点があると思われます。

ビートルズのような芸能ビジネスというのは、当たり外れが大きいものであり、今売れていても、いつ売れなくなるかわかりません。また長い間売れない時期を経てようやく陽《ひ》の目を見るというケースも多いです。

したがって、売れたときだけほかの高額所得者と同じように、高い税率を課せられるのは、不公平だと思うのです。

食うや食わずの生活をして、やっと売れても、ほとんどを税金に持っていかれる、そして売れなくなったからといって返してくれるわけではない、となると、芸能人にとって〝税金対策〟は、緊急課題となります。

ビートルズのアルバム「リボルバー」には、「タックスマン」という曲が収められています。これは、当時のイギリスの税金の高さを皮肉ったものです。

もちろんビートルズは、考えつく限りの方法で節税を行いました。

アップル社というレコード会社の設立と失敗、メンバー同士の裁判沙汰など、ビートルズの歴史の後半には、不可解な点が多いのですが、税金問題を通してみると、その謎が解けてくるのです。

ビートルズの後期の活動は、「節税」が軸になっているのです。そして、節税の失敗が解散の大きな要因ともなっているのです。

ビートルズはデビュー後すぐに高額所得者になりました。

ビートルズはデビュー3年目の1965年の時点で、ジョンとポールが400万ドルずつ、ジョージとリンゴは300万ドルずつの資産を持っていたとされています（ジョンとポールは印税があったので、100万ドル多かった）。当時の日本円換算で、ジョンとポールが14億4000万円ずつ、ジョージとリンゴが10億8000万円ずつ持っていたことになります。

当時は今より物価は安かったので、相当な資産だったといえます。

映画「HELP!」がバハマ諸島で撮影された理由

ビートルズのマネージャーのブライアン・エプスタインは、かなり早い時期からビートルズの節税に関しても非常に気を配っていました。

ジョンとポールが受け取る楽曲の著作権印税も、ジョンとポールが直接もらうのではなく、レンマックという会社を通じてもらう、という仕組みにしていました。

ジョンとポールが、著作権印税を直接もらうと高額の所得税がかかります。そのため、著作権印税は一旦、レンマックという会社に入り、レンマックから配当という形でジョンとポールに支払われるようになっていたのです。普通の収入よりも、配当金収入の方が税率は低かったからです。

レンマックというのは、ジョン、ポール、ブライアンの3人でつくられた会社で、株はジョンとポールが40％ずつ、ブライアンが20％持っていました。

またこのほかにも、ジョンはハンプシャー州のスーパーマーケットを買い取ったり、リンゴは建設会社を経営したりしていました。

1965年ごろからブライアンはビートルズの収入を課税率の低い外国の口座へ分けて振り込むようにしていました。

また映画「ヘルプ！～4人はアイドル～」は、バハマ諸島でロケが行われましたが、これは節税策も兼ねていたのです。ビートルズは、主演映画も制作し、大成功を収めていますが、この「ヘルプ！」というのは第2作目です。アイドル的で、コメディータッチの映画ですが、全編にビートルズの演奏シーンがちりばめられています。

この映画の撮影場所となったバハマ諸島は、〝タックスヘイブン〟と呼ばれ、税金の低い地域です。タックスヘイブンというと、昨今、よく話題にのぼりますが、すでに1960年代からあったのです。タックスヘイブンについての詳しい説明はのちほど。

ビートルズは、バハマで映画の仕事をしたことにして、収入もここで貰い受けるようにしたのです。

そのため映画「ヘルプ!」の収益は、バハマの会社キャバケイド・プロダクションズに支払われました。キャバケイド・プロダクションズは、ビートルズと「ヘルプ!」のプロデューサーが共同出資した会社です。

そして映画の出演料をバハマのナッソーの銀行に預金することにしていました。そうすれば、イギリスの税務当局から文句を言われなくても済むのです。

アップル社は税金対策のためにつくられた

それでも、ビートルズの税金対策ははかばかしくありませんでした。

ビートルズの収入の多くは、イギリス本国で生じるため、イギリスで巨額の税金を徴収されるのです。

当時のビートルズの課税額の見積もりは約３００万ポンドだったといわれています。今の日本円にして約40億円です。半世紀前の40億円というと相当の価値があったはずです。

そこで、ビートルズは会社をつくることにしました。

あの「アップル社」です。

アップル社といえば、昨今では、すっかりパソコンメーカーが有名になっていますが、年配の人にとってはビートルズの会社というイメージでしょう。

このアップル社は、ビートルズが無謀なビジネスに乗り出して大失敗した会社として、世間に認識されています。

ビートルズはこのアップル社で、音楽、映像、美術などの様々なアーティストを発掘し、世界の芸術の先端を行くつもりでした。またサイケデリックな服、雑貨などを集めた〝アップル・ブティック〟なども開店し、商業界にも革命をもたらす予定でした。

しかし、アップル社はあっという間に赤字が累積し、破綻に追い込まれました。それがビートルズの解散の大きな要因ともされています。ビートルズ・ファンにとっては、忌ま忌ましい会社でもあります。

ビートルズとしては、自分たちの莫大な収入の大半を税金に取られるのはばかばかしい、そこで会社をつくろうとしたわけです。しかしただ会社をつくるだけでは能がないので、エッジの利いた先進的なエンターテインメント企業をつくろうとしたのです。

なぜ会社をつくれば節税になるのか、というと、ざっくりいえば、次のようなことです。

ビートルズの収入は、アップル社が受け皿になります。アップル社は、ビートルズの収入などを元手に様々な事業を行います。そして、利益が出た場合には、配当がメンバーに支払われるのです。個人の収入としてお金を受け取るよりも、会社から配当を受け取った方が、税金は安くなるのです。

またメンバー個人が直接ビートルズの収入を受け取れば、その収入にはそのまま税金が課せられてしまいます。だから、メンバーが何か事業を行おうとすれば、税金を払った後の残額を資金にするしかありません。

しかし、アップル社をつくれば、ビートルズの収入に課税される前に、ほかの事業に投資することができます。ビートルズから見れば、「自分たちのお金を自由に使える範囲」が広がるのです。

ジョンの幼なじみのピート・ショットンは、ジョンからアップル社のブティック店を任されるときにこう言われたそうです。

「200万ポンド使わなきゃいけないんだ。そうしないと税務署に持っていかれる」

またポールは、アップル社の設立趣旨を次のように説明しました。

「みんな僕らのところにきて『こういうアイディアがあるんです』って言ってくれ

ればいい。そしたら僕らは『やってごらんよ』って言ってあげる」

つまりは、若者たちのいろいろなアイディアを形にするために、ビートルズがお金を出すということです。

しかしこのアップル社には、企業として大事な部分が欠如していました。〝数字がわかる人間〟がだれもいなかったのです。

アップル社には、企業経営や経理の専門家はほとんどいませんでした。そんな中で、〝資金だけは巨額な会社〟をつくったわけです。当然のごとく、放漫な経営になってしまいました。

アップル社に集まった人たちのほとんどは、ビートルズの金を当てにしていたのです。会社名義で購入された高級車二台が行方不明になったりなど、会社としての形はないも同然でした。アップル社は、1年もたたないうちに経営難に陥ってしまいました。

「税金対策のために経費を使おう」

ということで始めたアップル社でしたが、ビートルズの想像をはるかに超えて経費が膨らんでしまったのです。

1969年、ジョンは『ディスク・アンド・ミュージック・エコー』誌のインタビューでこう語っています。

「アップルには改革者が必要だ。スタッフの数も減らさなければならないだろう。合理化が求められているんだ。膨大な利益をあげる必要はないが、いまの状態が続けば僕たちは6か月で破産するだろう」

ついこの間、300万ポンドもの税金を払わなければならなかったビートルズが、破産寸前にまで追い込まれたのです。アップル社が、いかに急速に金を使ったか、ということです。

また当初、主にアップル社の経営を担当していたのはポールでしたが、経営危機になってからはジョンが中心になりました。そこでジョンとポールに意見の対立が生じ、ビートルズに亀裂が生じるようになってしまったのです。

そして、ビートルズはアップル社設立からたった2年で解散してしまいます。ビートルズ解散の理由は一つではなく様々な要因が絡み合ったものと思われますが、このアップル社のビジネス上の大失敗が大きな要素となっていることは間違いないでしょう。

ビートルズのメンバーは、ビートルズ解散時の1970年には資産の多くを失っていたとみられています。ジョンは、当時ニューヨークで暮らしていましたが、知人からお金を借りて生活していたそうです。

このビートルズの節税対策の失敗は、ほかのミュージシャンにも大きな影響を与えました。

60年代以降、イギリスのミュージシャンが世界的に成功を収めると、イギリス国外に移住するケースが多くなりました。たとえばローリング・ストーンズは70年代の一時期、フランスに移住していました。それもイギリスの高い税金を嫌ってのことなのです。

よくも悪くも、ビートルズは後世のミュージシャンの手本になったのです。

第12章　タックスヘイブンとパナマ文書

タックスヘイブンとは何なのか？

20世紀になると、多国籍企業や、世界を股にかけて活動する実業家などもたくさん現れるようになりました。

そして、税金を逃れる方法もワールドワイドになっていきました。国によって税金の仕組みや税率が違うので、税金の安い地域に居住したり、会社の登記を移すなどの「国際的な法の抜け穴」を突いた節税策が講じられるようになりました。

そして、タックスヘイブンという究極の逃税《とうぜい》アイテムが出現することになります。

昨今、ニュースなどでたびたび話題になるタックスヘイブン。「税金天国」と訳してしまいたくなりますが、直訳すると「租税回避地」ということになります。つまりタックスヘイブンというのは、税金が極端に安い国、地域のことです。

ケイマン諸島、パナマ、南太平洋諸島の国々や、広義では香港、シンガポール、オランダ、アイルランドなども含まれます。

タックスヘイブンに住居地を置けば、個人の税金はほとんどかかりません。また、各国を股にかけている多国籍企業が本拠地をここに置いておけば、法人税の節税もできます。

たとえばタックスヘイブンに本社を置いて、各国には子会社を置きます。そして、各国の利益は、タックスヘイブンの本社に集中するようにしておくのです。

そうすればその企業グループ全体では、税金を非常に安くすることができます。だから、本社をタックスヘイブンに置いている多国籍企業も多いのです。特にヘッジファンドと呼ばれる投資会社の多くはタックスヘイブンに本籍（社）を置いています。投資会社の場合、世界中のどこに籍を置いていても、事業にそう差し支えがないからです。

投資会社の中には、籍だけをタックスヘイブンに置くのではなく、会社を実際にタックスヘイブンに置くケースも多いです。村上ファンドで世間を騒がせた村上世彰氏が、シンガポールに移住していたのをご記憶の方も多いでしょう。

そして、タックスヘイブンには、もう一つの特徴があります。

それは「守秘性」です。

普通、先進国同士というのは、租税条約などで、怪しいお金に関してはお互い情報を交換し合ったり、犯罪にかかわるお金に関しては、要求があれば当事国に開示する取り決めをしています。が、タックスヘイブン地域の多くは、この取り決めに参加していませんでした。

だからタックスヘイブンは、自国内に開設された預金口座、法人などの情報を、なかなか他国に開示しないのです。たとえ犯罪に関係する預金口座、企業などであっても、よほどのことがない限り、部外者には漏らさないのです。

そのため、世界中から、脱税のための資産隠しをはじめ、麻薬などの犯罪に関係する金、汚職など不正な方法で蓄えた資金が集まってきたのです。つまり、タックスヘイブンは、脱税を幇助《ほうじょ》するとともに、犯罪マネーの隠し場所にもなっているのです。

しかも、このタックスヘイブンのたちの悪いところは、企業や富裕層を誘致するだけでなく、「名義貸し」も行っているということです。

その結果、富裕層や大企業が、名義だけタックスヘイブンに置いて税金を逃れたり、銀行口座をつくって資産を秘匿したりするようになったのです。

タックスヘイブンの起源は19世紀

そもそもなぜ、このタックスヘイブンができたのかというと、その起源は、19世紀にまでさかのぼります。西洋の列強が、アジア、南米、アフリカを手当たり次第に食い散らかしていた時代のことです。

当時、企業のグローバル化が起こり始めていました。

今の多国籍企業と同じように、世界を股にかけて商売をする企業が、増えていたのです。そういう企業は、当然、税金の安い地域に本拠地を置きたがります。

そういう多国籍企業の一つがある事件を起こしました。

その多国籍企業というのは、ダイヤモンドで有名なデ・ビアス社です。

デ・ビアス社は、長らくダイヤモンドの世界シェアの9割近くを維持していた史上最大のダイヤモンド取引業者です。

19世紀後半から、西洋各国では税金が上がり始めました。度重なる戦争で、各国とも歳入が不足していたので、企業の税金を上げたのです。

そこで、デ・ビアス社はある対策を講じました。

デ・ビアス社はイギリス系の会社ですが、税金を安くするために本社を南アフリカに置いたのです。

当時のイギリスでは、植民地への投資を促すために、植民地の企業の税金は安くしていました。もちろん南アフリカも税金が安かったのです。

そこにデ・ビアス社は目をつけたというわけです。

しかし当初は、イギリスの税務当局は、デ・ビアス社に対してイギリスでの納税を命じました。

「デ・ビアス社の取締役会はイギリスにあり、実質的に経営はイギリスで行われているので、イギリスで課税されるべきだ」

という判断がされたのです。

しかし、イギリス税務当局のこの判断は、逆にイギリス系の多国籍企業に節税のヒントを与えることになりました。

「取締役会をイギリスで行っているからイギリスの税金がかかるというのなら、取締役会を植民地で行えば植民地の税金で済むはず」

というわけです。

そこで、まずエジプトで不動産事業をしていたエジプトデルタ地帯開発会社が、取締役会の場所をカイロに移しました。

イギリスの税務当局は、このエジプトデルタ地帯開発会社にもイギリスでの課税をさせようとしましたが、今度は裁判所が待ったをかけました。

「エジプトで経営されている事実があるので、イギリスで課税することはできない」

ということになったのです。

この後、イギリスの多国籍企業はこぞって、取締役会を植民地で行うようになりました。

やがてイギリスは、このスキームを逆に利用するようになったのです。

イギリス植民地側は、世界中の多国籍企業が籍を置いてくれるようになったので税収が上がりました。

税金を安くしても、会社が籍を置けば登記費用などがかかるし、また会社はある程度、その地域にお金を落としてくれます。

イギリス植民地にとって、それは貴重な財源となったのです。

だから、イギリスの植民地の多くは、第二次世界大戦後に独立した後も、税制はそのままにしておきました。せっかく籍を置いてくれている多国籍企業に出て行かれないためにです。

これがタックスヘイブンの起源です。

タックスヘイブンのもう一つの起源

タックスヘイブンには、イギリス植民地のほかに、もう一つの起源があります。

それはスイスです。

スイスの銀行には数百年前から、守秘義務の伝統がありました。

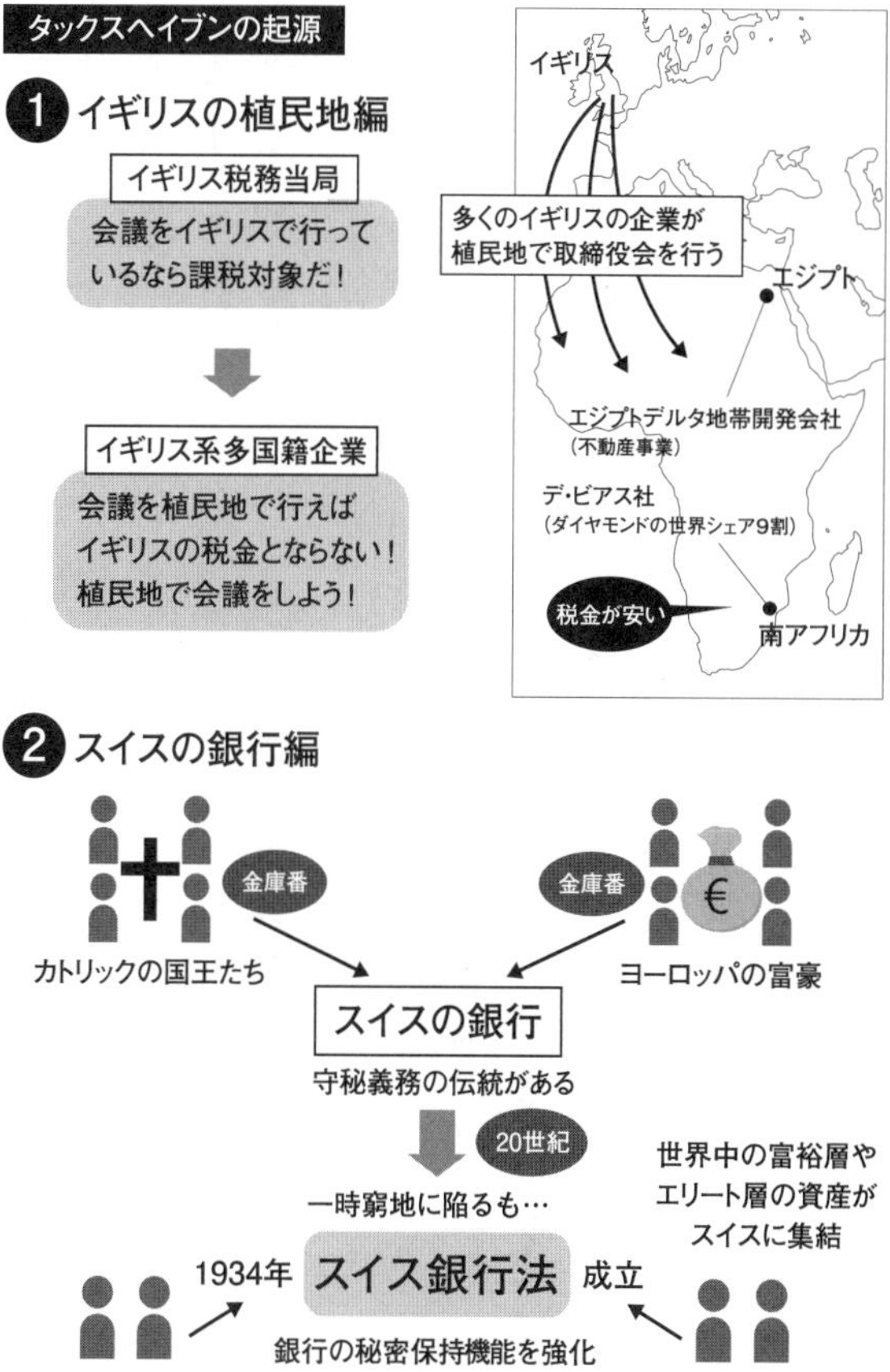
タックスヘイブンの起源
1 イギリスの植民地編
イギリス税務当局
会議をイギリスで行っているなら課税対象だ！
イギリス系多国籍企業
会議を植民地で行えばイギリスの税金とならない！植民地で会議をしよう！
イギリス
多くのイギリスの企業が植民地で取締役会を行う
エジプト
エジプトデルタ地帯開発会社
（不動産事業）
デ・ビアス社
（ダイヤモンドの世界シェア9割）
税金が安い
南アフリカ
2 スイスの銀行編
金庫番
カトリックの国王たち
金庫番
ヨーロッパの富豪
スイスの銀行
守秘義務の伝統がある
20世紀
一時窮地に陥るも…
世界中の富裕層やエリート層の資産がスイスに集結
1934年
スイス銀行法
成立
銀行の秘密保持機能を強化

スイスは中世からすでに金融立国でしたが、ヨーロッパのカトリックの国王たちの金庫番でもありました。スイスの銀行は口が堅く、彼らがプロテスタントから借金をしていることは決して明るみに出ることがなかったのです。

1713年には、当時、同盟国家だったジュネーブは、「銀行は議会の同意がある場合を除き、顧客以外のいかなる人物にも情報を漏らしてはならない」と定めていました。

スイスは、近代に入って、中立を保つことで生きながらえてきました。それは外交面だけではなく、経済面でもスイスの「生き方」となりました。

ヨーロッパが戦乱に見舞われたとき、スイスは敵味方区別なく、資産の隠し場所を提供してきました。それは、スイスの旨《うま》みとなったのです。

その旨みのために、スイスは、銀行の守秘義務を伝統としてきたのです。

スイスの銀行は、秘密を保持してくれる銀行として、長い間、ヨーロッパの富豪や貴族の間で、重宝されてきたのです。

その特質は、20世紀になると、ますます顕著となってきます。

１９３０年代の世界恐慌時、スイスの経済も窮地に陥っていました。そこでスイス政府は、１９３４年に「スイス銀行法」という法律をつくって、銀行の秘密保持機能をさらに強化しました。

これは、銀行内の情報を漏らした場合は、刑事罰を科せられるという、世界で初めての法律でした。そのため、ヨーロッパだけでなく世界中の富裕層やエリート層の資産がスイスに集まるようになったのです。またオランダやルクセンブルクなど、このスイスのシステムを採り入れる国も出てきました。

そして税金の安い旧イギリス植民地も、この金融秘密制度を採り入れるようになり、逆にオランダやルクセンブルクなどは、税金の安さを採り入れるようになりました。こうして、現在の「税金が安く秘密を守る」というタックスヘイブンが出来上がったのです。

世界中がタックスヘイブンの被害者

このタックスヘイブンには、世界各国が頭を痛めています。

企業がちょっと大きくなると、すぐにタックスヘイブンに行ってしまうようになったからです。本社をタックスヘイブンに置かれたら母国では税金が取れなくなり、税収が不足してしまうのです。

また、ちょっとお金を貯めた個人は、すぐにタックスヘイブンに資産を隠します。そうなると、母国での相続税での課税などは非常に難しくなります。

このタックスヘイブンで一番被害を受けているのは、実はアメリカ政府です。

代表的なタックスヘイブンであるケイマン諸島には、11万を超える企業があり、そのうちの半分は、アメリカの関連企業です。ここでアメリカは、年間900億ドル（11兆円）の税収を失っているとみられています。

もちろん、アメリカだけでなく、世界中の国々がタックスヘイブンの被害を受けています。現在、世界の銀行資産の半分以上、多国籍企業の海外投資の3分の1が、タックスヘイブンを経由しているといわれています。

国際通貨基金「ＩＭＦ」は、２０１０年の発表で、南太平洋などの島嶼《とうしょ》部のタックスヘイブンだけで、18兆ドル（１８００兆円）の資金が集められているとしています。

18兆ドルというのは、世界総生産の約4分の1にあたる巨額のものです。

しかも、これは「過小評価と思われる」と付記されているのです。

国際非政府組織（NGO）の「税公正ネットワーク」は2010年末時点で、21～32兆ドル（2270～3450兆円）の金融資産が、タックスヘイブンに保有されていると分析しています。

またアメリカ会計検査院は2008年に、アメリカ大手100社のうち83社がタックスヘイブンに子会社を持っていると発表しました。

税公正ネットワークも、ヨーロッパの大手100社のうち99社がタックスヘイブンに子会社を持っていると報告しています。

タックスヘイブンがヘッジファンドを生んだ

現在、世界経済に大きな影響を与えている「ヘッジファンド」も、タックスヘイブンの産物だといえます。

ヘッジファンドは、巨額の資金を運用し、世界中で目先の利益だけを求めた投機を行い、しばしば各国の経済を混乱させています。

なぜ、ヘッジファンドが巨額の資金を運用できるのかというと、彼らがタックスヘイブンを最大限に活用しているからです。ヘッジファンドのほとんどは、ケイマン諸島などのタックスヘイブンを本籍地としています。

通常の投資活動であれば、個人投資家であれ、機関投資家であれ、収益に対して税金を払わなければなりません。だから高い収益を上げたとしても、それをすべて再投資することはできないのです。税金を払った後のお金しか投資できないからです。

しかしヘッジファンドはタックスヘイブンにあるので、高い収益を上げれば、その収益はそのまま再投資できるのです。

だから、ヘッジファンドは短期間で急成長できるのです。

もし、タックスヘイブンがなければ、ヘッジファンドがこれほど急成長し、跳梁《ちょうりょう》跋扈《ばっこ》することはなかったはずです。

タックスヘイブンの背後にはイギリスがいる

タックスヘイブンは世界中に害を与えているのに、なぜ先進諸国はこれを野放しにしているのでしょうか？

もちろん、各国はこれに手をこまねいているわけではありません。ＯＥＣＤ（経済協力開発機構）などが中心となって、タックスヘイブンに規制を設けようという試みは、今まで何度も行われてきました。

しかし、タックスヘイブン側がなかなかそれに応じないのです。

タックスヘイブンで有名な地域というのは、ケイマン諸島、ヴァージン諸島、香港、シンガポール、パナマ、ルクセンブルクなどです。

これらの国名を見ればわかるように、お世辞にも大国とはいえないところばかりです。

なのに、なぜ先進諸国は、タックスヘイブンに強い圧力を加えることができないのでしょうか？

実は、タックスヘイブンのバックには、あの大英帝国の存在があるからです。イタックスヘイブンの代表格であるケイマン諸島、ヴァージン諸島というのは、イギリスの海外領です。また香港、シンガポールなど、タックスヘイブンにはイギリスの旧植民地が多く、これらの国々は、今でもイギリスの「シティ」と深い関係があります。

つまりは、タックスヘイブンの多くはイギリスと強い結び付きがあるのです。当初、イギリスも自国の企業がタックスヘイブンを利用することで、損害を被っていました。しかし世界の企業がタックスヘイブンを利用し始めると、イギリスはこれに乗じる動きをするようになったのです。

イギリスの旧植民地は独立後も、経済面においては、イギリスの影響が強く残っていました。そのためタックスヘイブンに集まってくるお金を、イギリスの銀行が取り仕切るようになったのです。そうなると、イギリスは逆にタックスヘイブンを重宝するようになりました。タックスヘイブンのおかげで、イギリスは世界金融のシェア世界一を保持しているからです。

世界金融というと、我々は、ニューヨークのウォール街を真っ先に思い浮かべるはずです。が、世界金融のシェアナンバー1はウォール街ではないのです。

確かに、ニューヨークのウォール街は、金融取引量自体は世界一です。が、ウォール街の場合、その大半はアメリカ国内の取引なのです。世界金融全体のシェアを見てみれば、ロンドンのシティの方が、ウォール街を凌駕《りょうが》しているのです。国際的な株取引の約半分、国際新規公開株の55%、国際通貨取引の35%は、ロンドンのシティが占めているのです。

またイギリスの外国為替取扱量は、一日あたり2兆7260億ドルであり、世界全体の約40%を占めています。もちろん、断トツの1位です。2位のアメリカは、イギリスの半分以下の1兆2630億ドルです。

国際金融センターとしての地位は、未だにロンドンのシティが握っているのです。

なぜロンドンのシティが、これほど世界金融に影響力を持っているのかというと、タックスヘイブンの総元締めだからです。

イギリスの「経済力」というのは、世界経済の中でそれほど大きいものではありません。世界のGDPのランキングでは、だいたい第6位くらいです。GDPはアメリカの8分の1~9分の1にすぎません。

そのイギリスが、金融の国際取引において、最大のシェアを持っているのです。タックスヘイブンが、いかに世界のお金の流れを歪《ゆが》めているか、ということです。

パナマ文書とは？

以前、「パナマ文書」という極秘文書が世界中を騒がせました。

パナマ文書とは、パナマの法律事務所「モサック・フォンセカ」のデータを何者かが「南ドイツ新聞」に持ち込んだものです。

モサック・フォンセカは、タックスヘイブンでの会社設立などを主な業務としている法律事務所です。つまりモサック・フォンセカは、大企業、富裕層がもっとも知られたくない情報を扱っていたのです。

2015年8月、ドイツの新聞社、南ドイツ新聞が、匿名でモサック・フォンセカのデータ提供を受けました。データ量は、2・6テラバイトという膨大なもので、ファイル数にすれば1150万件にも達しました。

このデータには、過去40年、21万件のタックスヘイブンにおける取引データが記録されていました。この中には、世界各国の政治家、経済人、著名人、スポーツ選手などが含まれていました。

この「パナマ文書」で挙がった主な政治家は次のとおりです。

ロシアのプーチン大統領
イギリスのキャメロン首相
ウクライナのペトロ・ポロシェンコ大統領
パキスタンのナワズ・シャリフ首相
アイスランドのシグムンドゥル・グンロイグソン首相

このパナマ文書の影響で、アイスランドのシグムンドゥル・グンロイグソン首相は、辞任を余儀なくされました。ほかにも、スペインの閣僚も辞任し、イギリスのキャメロン首相も、パナマ文書の公表後、支持率が急落してほどなくして辞職しています。

パナマ文書のこの密告データが寄せられた南ドイツ新聞というのは、第二次世界大戦終結直後の1945年10月に創刊されたリベラル系の新聞です。

南ドイツ新聞という名称から、ドイツの一地方紙のように思われるかもしれませんが、そうではありません。南ドイツ新聞はミュンヘンで発行されていますが、ドイツ全土で購読することができ、ドイツの購読紙の中では最大の部数29万部を誇っています。この発行部数は、ドイツではかなり大きい方なのです。

南ドイツ新聞は、日曜日以外の週6日発行で、月曜版にはアメリカの『ニューズウィーク』の記事を掲載しています。

南ドイツ新聞は、日本のアベノミクスを「銀行や大企業を助けるだけ」と批判するなど、マネーゲーム的な世情に批判的でもありました。

密告者も、そういう南ドイツ新聞の社風を好んだのでしょう。

現在、パナマ文書は、ＩＣＩＪ（国際調査報道ジャーナリスト連合）により、世界中から400人以上の記者が参加して、調査・分析を行っています。

南ドイツ新聞は、一社だけではこのデータの分析は不可能として、各国の報道機関に協力を呼びかけたのです。それにより、76か国、107の報道機関が参加し分析を進めています。日本からも、共同通信と朝日新聞の記者が一名ずつ参加しています。

なぜ「パナマ」だったのか?

パナマ文書の流出元であるモサック・フォンセカ事務所は、1986年につくられた法律事務所です。1986年というのは、世界で「オフショア取引」や「タックスヘイブン」が急速な広がりを見せていた時期です。

モサック・フォンセカ事務所の創設者の一人、ユルゲン・モサックは、ドイツ系移民で、父親はかつてナチスの親衛隊のメンバーだったそうです。ナチス・ドイツは南米と深い関わりを持っており、ナチスの高官は終戦時、南米に亡命移住することが多かったのです。ユルゲン・モサックの父もその一人だったと思われます。

もう一人の創設者のラモン・フォンセカ・モーラは、パナマの知識人階級の出身で、小説家としても成功を収めています。

モサック・フォンセカ事務所は、パナマの政財界にも大きな影響力を持っていました。共同経営者の一人、ラモン・フォンセカ・モーラは、大統領の特別顧問にもなっていたのです（ブラジルの汚職事件絡みで辞職しています）。

モサック・フォンセカ事務所は、世界44か所に、500人以上のスタッフを抱える巨大な法律事務所となっています。

その顧客には、かつてはリビアのカダフィ大佐、ジンバブエのムガベ大統領、シリアのアサド大統領など、独裁者たちも名を連ねていました。

パナマという国は、お世辞にも大国とはいえません。カリブ海地域の小国です。その小国パナマの法律事務所を、なぜ世界中の大企業、富裕層が使っていたのでしょうか？

パナマという国は、実はマネーロンダリングの伝統があるのです。というより、パナマだけでなく、カリブ海の周辺国全体でマネーロンダリングが盛んだったのです。

その起源は、アメリカの禁酒法時代にまでさかのぼります。

前述したように、禁酒法時代、酒の密輸などで財を成したアル・カポネが1931年、脱税で逮捕されました。犯罪の証拠については巧妙に隠して、当局の追及を逃れ続けていたアル・カポネでしたが、資産隠しにまでは手が回らなかったのです。

それを見たほかのアメリカのマフィアたちは、「マネーロンダリング」を考えるようになりました。映画「ゴッド・ファーザー」の登場人物のモデルにもなっているマイヤー・ランスキーは、スイスで秘密口座をつくり、金を洗浄させるようになりました。

その後、マイヤー・ランスキーは、キューバで同様のことをし始めます。が、1959年にキューバは社会主義国になり、マイヤー・ランスキーはバハマを利用するようになったのです。

バハマは1973年に独立しますが、英連邦からは離脱しませんでした。現在も、タックスヘイブンとして金融業が主な産業です。

バハマと同様に、カリブ海の周辺のパナマ、ケイマン諸島なども、マネーロンダリングの舞台となっていったのです。

そしてパナマには脱税者にとって、最強のアイテムが揃《そろ》っていました。

そのアイテムとは次の三つです。

●税金が非常に安い
●銀行機密法がある
●諸外国との情報交換に応じない

タックスヘイブンと呼ばれる地域でも、この3つの条件がすべて揃っているところは珍しいのです。

たとえば、香港やシンガポールも、タックスヘイブンとして有名ですが、この両国は多くの諸外国と租税条約を結んでおり、脱税や犯罪マネーについての情報交換を行っています。

日本も、香港やシンガポールとは租税条約を結んでいます。

租税条約というのは、国の間で税金の調整をする条約のことです。企業の二重課税防止や、租税回避情報の交換などを行うのです。

この租税条約の内容は、二国間の話し合いによって決められますが、ＯＥＣＤの租税条約モデルがあり、加盟国の多くはそのモデルに追従しています。日本も現在79か国の国・地域と租税条約を結んでいます。

しかし、パナマは、わずか14か国としか租税条約を結んでいませんでした。しかも、その租税条約は、ＯＥＣＤのモデルと比較すると非常に緩いものなのです。

そしてパナマには、「銀行機密法」という銀行の情報開示を制限する法律があります。

銀行機密法というのは、誰がどの程度の資産を預けているのか、絶対に情報開示してはならない、という法律です。だから、外国の捜査当局が、犯罪マネーの確認を求めても、協力しないのです。

しかもパナマは法人設立や銀行口座開設などが非常に容易なのです。当局の厳重なチェックなどはなく、誰でも簡単に会社をつくれて銀行口座を開設することができます。

パナマでは、以前は、銀行口座の開設にあたって名前さえ不要でした。昨今は、諸外国からの抗議で、若干は厳しくなっていますが、それでも他国に比べれば格段に開設しやすいのです。

そして費用も安いのです。

たとえば、日本人向けのパナマ法人設立サービスのＨＰによれば、会社設立費用が約30万円、銀行口座開設費用が約20万円となっています。会社の体裁を保つためのサービス料などを含めても、１００万円以下で会社をつくることができるのです。

パナマの危ないビジネス

パナマは、南北アメリカのちょうどつなぎ目の位置にあります。

パナマの中に開かれた「パナマ運河」は、アメリカ大陸を船で突っ切ることができる唯一の航路です。このパナマ運河は、北米と南米の中継地点でもあり、アジアとヨーロッパを結ぶ航路にもなっています。国際貿易における要衝の地だといえます。

パナマはこの地の利を最大限に利用すべく、海運業、国際金融センターの整備を行ってきました。

そして1970年、パナマは銀行法を改正しました。新しい法律は、パナマを事実上、タックスヘイブン化するものでした。このパナマの銀行法の要旨は次のとおりです。

●銀行設立の規制を緩いものにする
●海外取引のみを行う銀行を認める（オフショア銀行）
●外国人（非居住者）の利潤には税金をかけない
●外国人（非居住者）の預金等には為替管理をしない
●諸外国政府のいかなる圧力に対しても、預金者の身元は明かさないまたパナマは、アメリカの経済力をうまく利用してきました。

パナマの通貨は、バルボアという名称を持っていますが、1バルボア＝1ドルで固定され、アメリカ・ドル紙幣をそのまま使用しています。パナマ政府が発行しているのは、1ドルより小さい単位の硬貨だけです。このアメリカ・ドルとのリンクのおかげで、世界中の企業がパナマに来やすくなったのです。

そして、パナマには優秀な人材も多く、多くの国際法律事務所がつくられています。法律が緩いうえに、法律に強い法律事務所もあるというわけです。

これでタックスヘイブンとしての資質が完全に備わったのです。

もちろんパナマ経済は、タックスヘイブン化によって潤いました。

またパナマは、金融だけでなく「船籍」でも商売をしています。

よく海難事故で「パナマ船籍の船」という言葉が出てくるのに聞き覚えのある人も多いはずです。

パナマは、世界中の船主に、好条件で船籍を提供しています。登録料も安く、税金もかかりません。そのため実に世界の船の5分の1（トン数）が、パナマ船籍なのです。

通常、船の所有者は、国に船の登録をしなければなりません。船の責任の所在を明らかにするためであり、課税の主体を特定するためでもあります。

しかし、船の登録をすれば、その国の法律に縛られることになります。船員の労働条件、安全基準などを満たさなくてはならないし、登録料も必要になります。

だから、多くの船主が規制が緩いパナマの船籍にしたがるのです。

パナマという国は、このような法律の網の目をくぐるようなビジネスをするお国柄なのです。

パナマに対する国際的な批判

パナマは２０１４年に、国際機関「金融活動作業部会（ＦＡＴＦ《ファトフ》）」から「国際マネーロンダリング監視国」に指定されました。が、パナマ政府の働きかけにより、現在は指定解除されています。

しかし、現在もＦＡＴＦからタックスヘイブンとしての監視は続いています。

またモサック・フォンセカ事務所は、2016年1月、ブラジルの捜査官から「巨大なマネーロンダリングの舞台」になっていると批判されました。当然のことながら、パナマにとって、「パナマ文書の流出」は国家的な大問題となっています。

これまでパナマは、国家的に「投資家や資産家の秘密を守る」ということで、商売をしてきました。

そのため、パナマ文書の流出は、パナマの国内法違反でもあります。もし、流出した人物が特定されれば、パナマ当局から逮捕されることになります。

パナマの弁護士会は、モサック・フォンセカを擁護し、モサック・フォンセカは被害者だとしています。

しかも、恐ろしいことに、パナマ文書の流出元であるモサック・フォンセカ法律事務所は、この手の分野の事務所では、大きさからいえばパナマで4番目か5番目です。

つまり、4番目か5番目の法律事務所一つだけで、これだけのデータがあったのです。タックスヘイブンは、パナマだけではなく世界中にあるので、このデータは氷山の一角にすぎないのです（氷山の一角でさえないかもしれません）。

第13章　プーチン大統領は脱税摘発で国民の支持を得た

共産主義圏は「格差」によって崩壊した

40代以上の方はご記憶かと思いますが、1980年代までの世界は「東西冷戦」に悩まされ続けてきました。

第二次世界大戦以降、世界は自由主義陣営と共産主義陣営に分かれてしまいました。

両陣営の国々の交流はあることはありましたが、人の移動や物の移動には厳しい制限がかかっていました。そして両陣営ともに、強大な核兵器を持っていましたので、世界の人々はいつ核戦争が起きるのかとびくびくして生活をしていました。この当時、相当数の国や地域が核シェルターをつくっていました。

しかし1980年代後半、東西冷戦は劇的に終焉《しゅうえん》します。

1985年に、ミハイル・ゴルバチョフがソ連共産党の書記長に就任したときから、その「劇」が始まりました。

ゴルバチョフは、疲弊したソ連経済を立て直すために、ペレストロイカ（改革開放政策）を推し進めます。個人事業を認めたり、共同組合として企業の設立を認めるなどの経済改革を行い、外交では西側諸国との融和を進めたのです。

そしてグラスノスチといわれる「情報公開」も進めました。

この情報公開により、ソ連経済の脆弱性、ソ連社会の不公平さが露呈し、国民の不満が燃えたぎることになります。

ソ連国民の当時の平均月収は労働者で157ルーブル、農民で117ルーブルでした。労働者の平均所得の半額以下となる75ルーブル以下の最貧困層は3576万人もいたのです。ソ連の貧困層と最貧困層を含めた人数は、国民の35％だったという説もあります。

また、年金生活者はさらに悲惨でした。年金受給者5600万人のうち、半数は受給額50ルーブル以下の最貧困層だったのです。

その一方で、共産党幹部などの50万人は、月500ルーブル以上の年金をもらっていました。

こういう情報が明らかにされるにつれ、ソ連国民は不満を抱きます。またソ連の経済低迷により、ほかの共産主義国家への求心力も失っていきました。

やがて東側諸国の反発を抑えられないようになり、ソ連は1988年の新ベオグラード宣言により、これまでの指導的立場を放棄するという発表をしました。それを受けて、東側陣営のポーランド、ハンガリーなどが相次いで共産党による一党独裁を放棄、ドイツではベルリンの壁が壊されるなど、共産主義陣営の崩壊が始まったのです。

そして、ソ連自体も解体されることになります。

このソ連の崩壊劇に際し、権力者がめまぐるしく変わったのをご記憶の方も多いはずです。

ソ連が崩壊するとき、指導者だったのはゴルバチョフです。

ソ連は「共産主義」を放棄した後、ソ連という国のままで、一時的に民主的な国家をつくります。その最初で最後の大統領となったのが、ゴルバチョフです。

が、このゴルバチョフ大統領は長続きしませんでした。

実はソビエト連邦というのは、15か国の連合体であり、ロシア共和国を中心に構成されていました。しかし、この時期に「ロシア共和国」という国と「ソビエト連邦」との意思が違ってきたのです。

当時、「ソビエト連邦」では書記長および大統領となっていたゴルバチョフが指導者でしたが、クーデター未遂事件などが起き、指導力が低下していました。それに代わって影響力を強めていたのが、クーデター未遂事件を解決に導いたロシア共和国大統領エリツィンでした。

エリツィンは、連邦内のほかの国々や自治区にも働きかけ、ソビエト連邦の影響を排除する動きを推し進めました。その結果、ロシア、白ロシア、ウクライナがソビエト連邦から離脱したわけです。

ソ連の中心だったロシア共和国が離脱したのだから、ほかの国がとどまっているはずがありません。ソ連を構成していたほかの共和国も相次いで離脱し、ソ連は崩壊したのです。

もともとソ連の領土の大部分（4分の3）はロシア共和国が持っていました。だから、ソ連の領土の4分の3がロシア共和国（現ロシア連邦）に引き継がれることになったのです。

プーチン大統領は脱税摘発で国民の支持を得た

ソ連から離脱したロシア共和国は、1991年にロシア連邦として再出発します。このロシア連邦の初代大統領には、ソ連時代にロシア共和国の大統領となっていたエリツィンがそのまま就任しました。

が、新生ロシアの初代大統領となったエリツィンも長続きはしませんでした。エリツィン大統領時代のロシアは、国内経済が大混乱し、失業する人や自殺者が大量に発生しました。

エリツィン政権は国民からの支持を得られず、首相はめまぐるしく入れ替わりました。

そして彼は健康問題もあって、1999年に任期の途中で自らロシアの大統領職を辞任します。そしてエリツィン大統領は、辞任時に首相だったプーチンを後継者に指名しました。

プーチン大統領はＫＧＢ（国家保安委員会）出身で、秘密めいたところもあり、国民の人気を博すようには見えませんでした。が、プーチン大統領が就任してからは、ロシア経済は安定を見せ、国民の人気が急上昇しました。

プーチン大統領が国民の支持を得た大きな理由が脱税の摘発でした。

ソ連が崩壊し、ロシア連邦が誕生した当時、ロシア国民の多くが苦境にあえぐ中で、富を激増させている人たちがいました。

ロシアの大混乱は、目端《めはし》の利く実業家にとっては大きなビジネスチャンスでした。ソ連時代に要職にあった者で、目端の利く者は、うまく外国から資金を調達するなどして旧ソ連の国営企業群を安く買い取り、瞬く間に大企業の経営者になったのです。

そして、少数の大企業経営者が、ロシアの富の多くを独占することになったのです。

彼らのことは「オリガルヒ」と呼ばれました。オリガルヒというのは、ギリシャ語の「寡頭政治」というのが語源ですが、当時のロシアでは「新興財閥」を意味していました。

２０００年代初頭、当時ロシアの最大の資産家といわれたオリガルヒのボリス・ベレゾフスキーは、「ロシアの富の40％は7人のオリガルヒが握っている」と豪語しました。

そしてオリガルヒの多くは、石油やガスなどの天然資源関係の企業経営者でした。彼らはソ連時代の国営石油企業を安く買いたたいて成功を収めたのです。

そもそもロシアという国は膨大な資源を持っている国です。石油・天然ガス・石炭などのエネルギー資源、鉄鉱石・金・銅・ニッケル・水銀・アルミニウム等の鉱物資源など、産業に必要な資源のほとんどが産出されるといってもいいほどです。

ソ連は、冷戦中、原油産出量で、たびたびサウジアラビアを抜いて世界1位となっていたほどです。ロシアは現在も世界1位から3位の間を行ったり来たりしています。

この豊富な天然資源をうまく使えば、相当な商売ができるはずです。

たとえば、ロシアの元石油王のミハイル・ホドルコフスキーは、１９９５年に旧ソ連のエネルギー企業体を実体額よりも110億ドル（約1兆2000億円）も安く買収したとみられています。そして「ユコス」という石油会社をつくり、あっという間にロシアの石油の20％を取り扱う、世界最大級の石油会社に成長させました。

ミハイル・ホドルコフスキーは政界にコネクションを持っており、ソ連崩壊直前のロシア共和国の首相顧問もしていました。93年にはロシア連邦のエネルギー省の次官になっています。そういう人物が、旧ソ連のエネルギー企業体を安く買いたたいたわけですから、絵にかいたような我田引水です。

もちろん、ロシアの国民は大ブーイングでした。

しかし、彼らは莫大な資金力を持っているうえに、政界に強いコネクションを持っています。いくら国民から批判されても、そうそう失脚するものではありません。エリツィン大統領も、彼らのことを苦々しく思いながらも、どうすることもできませんでした。

が、これらのオリガルヒを徹底的にたたいたのが、プーチン大統領だったのです。

オリガルヒの中には、プーチン大統領を支持していた者もいましたが、プーチン大統領は彼らに対して、明確な敵対姿勢を取りました。

プーチン大統領は、脱税や横領などの容疑で彼らの主だった者を逮捕しました。先ほど紹介したソ連のエネルギー企業体を110億ドルも安く買いたたいたミハイル・ホドルコフスキーも、横領と脱税の容疑で、2003年に逮捕されました。ヴァージン諸島、キプロスなどのいわゆるタックスヘイブンに秘密口座を開設し、4億ユーロ（約600億円）を不正送金していたことが発覚したのです。

彼はロシアの国税当局から約300億ドルの追徴税を課せられたうえ、禁錮9年の実刑判決を受けました。世界最大級の石油会社だったユコスは、この追徴税負担に耐えられずに破産させられ、国営企業に買収されました。

これを見て、オリガルヒの中には、ロシアから脱出して亡命する者も出てきました。また自分の資産の一部を、事実上、ロシア政府に寄付し、逮捕を免れる者もいました。

たとえば、代表的なのがイギリス・プレミアリーグ「チェルシーFC」のオーナーで知られるロシアの大財閥ロマン・アブラモヴィッチです。

彼も有力オリガルヒの一人で、エリツィン大統領の側近と懇意にしていたために、旧ソ連のエネルギー企業体を安く手に入れ、「シブネフチ」という、これまた世界有数の石油会社をつくりあげました。

が、プーチン大統領がオリガルヒを摘発するのを見て、急遽《きゅうきょ》シブネフチの株を、半国営のエネルギー企業「ガスプロム」に売却しました。ロマン・アブラモヴィッチはこれで、プーチン大統領の脱税摘発を逃れたようです。

プーチン大統領の資産隠しスキーム

共産主義崩壊の混乱期に脱税の摘発で国民の支持を得たプーチン大統領ですが、非常に残念なことに、パナマ文書によって、資産隠しの疑いが浮上しています。

前述しましたように、タックスヘイブンと呼ばれる地域は、税金が安いだけではなく、預かった資産についての「守秘」が徹底しています。そのため、ワケありな金を持つ各国の指導者や、マフィアのボスなどは、タックスヘイブンを資産の隠し場所として利用するのです。

その顕著な例が、プーチン大統領だったようなのです。

プーチン大統領の資産隠しスキームは次のようなものです。

プーチン大統領の友人である世界的なチェロ奏者のセルゲイ・ロルドゥーギン氏が、パナマのモサック・フォンセカ法律事務所を通じて、ヴァージン諸島のタックスヘイブンに複数のペーパーカンパニーをつくっていました。

セルゲイ・ロルドゥーギン氏は、プーチン大統領の学生時代からの親友で、プーチンの娘の名付け親にもなっているほどです。

ロルドゥーギン氏のペーパーカンパニーは、ロシア最大の鉄鋼会社社長から600万ドル（約6億円）の融資を受けていました。しかし、ロルドゥーギン氏のペーパーカンパニーは、この鉄鋼会社社長に対して、わずか1ドルしか返済していません。つまり、鉄鋼会社からの融資は事実上の寄付だったのです。

またロルドゥーギン氏のペーパーカンパニーは、ロシアの投資会社と投資の契約を結んだ後、その契約が破棄され、違約金の名目で多額のお金を受け取っていたことなども明らかになっています。

これらの手法で、ロルドゥーギン氏のペーパーカンパニーは、2000億円を集めていたとみられています。

またそのほかにも、プーチン大統領の知り合いの実業家、銀行家などがタックスヘイブンにペーパーカンパニーをつくっており、そのペーパーカンパニーに、ロシアの国家資産の一部も流入しているという疑惑もあります。

これらプーチン大統領関連のペーパーカンパニーたちは、お互いの資金を複雑にやり取りしており、お金の出所がどこなのか、支出先がどこなのかが、わからなくなっています。マネーロンダリングの典型的な例だといえます。

まだ明確にプーチン大統領の関与が証明されたわけではありません。

しかし状況証拠から推測すると、プーチン大統領は、ロシア国内の企業から多額の政治献金を受け取っており、これを直接受け取れば、世間の批判も浴び、法に抵触する恐れもあったことから、「タックスヘイブンのペーパーカンパニーへ融資をさせる」という名目で、間接的にお金を得ていたものと思われます。

それにしてもプーチン大統領の「2000億円」というのは凄まじい額です。

日本の田中角栄氏や、金丸信氏が数億円程度の賄賂で政治生命を絶たれたことを思えば、スケールの違いは半端ないといえます。

ロシアの大統領ともなればそれだけのお金が必要だったのでしょうか？

もしくは、いつか失脚したときに亡命する資金を貯めていたのでしょうか？

いずれにしろ、そういう桁違いのグレーな資産が、タックスヘイブンに流れ込んでいるということなのです。

ソ連の崩壊が世界を格差社会にした

ソ連の崩壊は、世界の経済や各国の税制にも大きく影響を与えました。

ソ連や共産主義陣営が健在だったとき、資本主義陣営は、「資本主義の暴走」にそれなりに気を配っていました。そもそも共産主義が勃興したのは、18世紀の産業革命から20世紀にかけて、資本主義経済が過熱し、貧富の格差が拡大したからです。だから資本主義陣営は、東西冷戦中、資本主義経済体制を採りつつも、国民に不満が生じないような配慮をしていました。税金の面でも、相続税の税率を上げたり、所得税の累進化を強めるなどして、富裕層により多くの税金をかけていました。

ロスチャイルド家が相続税のために衰退したことや、ビートルズが収入の大半を税金で取られていたことは前述したとおりです。日本でも、バブル時代くらいまで富裕層は収入の8割程度が税金として取られていました。

が、ソ連の崩壊により、資本主義陣営の自重が薄れたのです。

共産主義陣営が倒れたので、「資本主義こそが正しい経済思想だ」と思うようになりました。そして、法人税率を大幅に下げ、「相続税」や「所得税の累進課税」などを急速に緩めたのです。

たとえば、301ページの先進諸国の法人税率は、1980年代には50％前後だったのが、現在では25％前後にまで下がってきています。

ドイツは、1980年には、50％を超えていましたが現在は30％程度、イギリスは1980年には50％を超えていましたが現在は20％を切っています。アメリカは1980年に50％程度でしたが、現在は30％を切っているのです。

日本は、1980年代には40％の法人税率でしたが、現在は30％程度です。

また先進国の富裕層の所得税率、相続税率も軒並み大幅に下げられています。

その結果、世界的に貧富の格差が拡大することになったのです。

国際協力団体「オックスファム」の発表によると、2015年、世界の富の半分は、世界人口の1％の富裕層が握っているとされています。この1％富裕層が占める富のシェアは、2009年時点では44％だったので、年々拡大しているのです。

日本でも格差社会は、確実に進行しています。

日銀の金融広報中央委員会が発表した2017年の「家計の金融行動に関する世論調査」では、二人以上の世帯で預貯金がゼロの家庭は、31・2％にも達しています。このデータは、一人暮らしの人は含まれておらず、国民全体で換算すれば、この数値はさらに上がると推測されます。

また公益財団法人「1more Baby応援団」の既婚男女3000名に対する2018年のアンケート調査では、子供が2人以上欲しいと答えた人は、全体の約7割にも達していますが、その74・3％の人が「二人目の壁」が存在すると回答しています。「二人目の壁」というのは、子供が1人いる夫婦が、本当は2人目が

先進主要国の法人税率(国税のみ)の推移)

	アメリカ	日本	イギリス	ドイツ	フランス
1980年	46%	40%	52%	56%	55%
2018年	27%	29%	19%	29%	33%

＊これに国によっては地方税(州税、住民税)などがかかる。

欲しいけれど、経済的な理由などで2人目を養うことができないということです。

その一方で、世界的な金融グループであるクレディ・スイスが発表した「2016年グローバル・ウェルス・レポート」によると、100万ドル以上の資産を持っている人々、つまりミリオネアと呼ばれる日本人は282万6千人となっています。前の年よりも74万人近く増加しており、増加率は世界一なのです。

日本に限らず、世界中で格差化が進み、社会の様々な部分でひずみが生じています。世界中で多発しているテロなども、貧しい国や地域の若者が起こしているケースが多いのです。

先進国の財務当局は、大きな勘違いをしているといえます。

ソ連が崩壊したのは「国民が平等だった」からではないのです。先ほども述べたように、「格差があまりにひどかったから」なのです。一部の者だけが潤い、その他の国民のほとんどが苦しい思いをする、そういう社会だったから崩壊したのです。

共産主義のシステムは、社会の格差化を防ぐのではなく助長するものだったのです。だからといって、資本主義システムが正しいかというと、そうとは限りません。そもそも、共産主義というのは、資本主義の社会に不満を持つ人が多かったから広まったものなのです。だからこそ戦後の先進諸国はどこも、格差が生じないような配慮をしてきたわけです。

反対勢力が滅んだからといって、また元に戻せば、以前と同じ問題が生じるはずなのです。

第14章　「中国版タックスヘイブン」の甘い罠

中国がつくった「超タックスヘイブン」とは？

ご存知のとおり昨今、中国経済は急成長しています。

2010年にはGDPで日本を抜き、アメリカに次いで世界第2位の経済大国となっています。世界貿易においては現在アメリカを抜いて世界一です。

1990年代以降、かつての共産主義国が軒並み崩壊していった中で、なぜ共産主義国だった中国が、資本主義国をしのぐほどの急成長をしたのでしょうか？

その最大の理由は、「タックスヘイブン」にあるといえます。

実は中国は、ケイマン諸島などよりもよほど「使えるタックスヘイブン」だったのです。

1978年、中国は改革開放政策を始めました。

深圳《しんせん》、珠海《しゅかい》、汕頭《スワトウ》、廈門《アモイ》に経済特区をつくったのです。経済特区というのは、特例的に外国企業の進出を認め、税金面での優遇などを行う地域のことです。

中国は、共産主義国であり、企業はすべて国営か国営に準ずるものという建前があります。だから、それまで原則として外国企業が入ってくることは、できませんでした。

しかし、経済特区をつくることにより、その地域だけは、自由主義国と同じように外国の企業が入ってきてもいいということにしたのです。しかも、経済特区では、税金の優遇措置や、インフラ整備などを行い、積極的に外国企業を誘致しました。

深圳、珠海、汕頭、廈門は、いずれも沿岸地域であり、香港、マカオ、台湾などに近接したところです。ここに経済特区を設けることで、香港、マカオ、台湾の企業や投資マネーを呼び込もうとしたのです。

中国のこの経済特区政策は、「当たり」ました。外国企業にとって、中国の経済特区は非常に美味しい「タックスヘイブン」だったからです。

中国の経済特区の法人税の税率は15％程度でした。当時の先進国の法人税率は40～50％程度ありましたので、この低税率だけでも十分に美味しいものです。

それに加えて、中国の経済特区は「工業地帯」として非常な好条件を備えていました。

まず土地代が非常に安く、工場用地などが整備されているということ。

そして、何より人件費が先進国に比べて、10分の1以下で済みました。しかも中国の人々は、誰もがそれなりの教育を受けており、すぐに工場労働をこなせました。つまり、良質な人材を非常に安く使えたわけです。

また中国は、東南アジアの目の前に位置していますから、アジア圏への輸出などにも非常に便利です。

ほかのタックスヘイブンでは、こういうメリットはありません。ケイマン諸島などのタックスヘイブンは、税金は安いですが、工場用地は十分にはありませんし、たくさんの優秀な人材がいるわけでもありません。だから、会社の名義を置くだけしか使いようがありません。

しかし、中国の場合は、生産拠点として使えるうえに、タックスヘイブンのように税金が安かったのです。

「理想的なタックスヘイブン」

といえました。

この経済特区は、たちまち多くの外資系企業を呼び込み、中国経済をけん引《いん》するようになります。

中国は、その後、徐々に経済特区を拡大していきました。

1986年までに、新たに、大連・秦皇島《しんこうとう》・天津・煙台《えんたい》・青島《チンタオ》・連雲港・南通・上海・寧波《ニンポー》・温州・福州・広州・湛江《たんこう》・北海の14都市が、「経済技術開発区」に指定されました。

「経済技術開発区」とは、経済特区よりもさらに自由度の増した地域のことです。当然、外国企業の税制優遇などもあります。この80年代の「経済技術開発区」の設置により、外国企業の進出が一気に加速したのです。

他国の企業の力で経済発展

しかし、この中国版タックスヘイブンには、大きな罠《わな》がありました。

中国の経済発展は、先進国の企業がけん引しました。他国の先進企業が、次々に進出し、工場を建てます。そこでつくった製品を、その国の母国や諸外国に輸出するのです。中国は場所と人材を提供するだけです。

中国の輸出入に占める外資系企業の割合(%)

	輸出	輸入
1985年	1.1	4.9
1989年(天安門事件)	9.4	14.9
1990年	12.6	23.1
1995年	31.5	47.7
2000年	47.9	52.1
2005年	58.3	58.7
2010年	54.6	52.9

『米中経済と世界変動』大森拓磨著・岩波書店より

外国の企業は、人件費や様々な諸費用を落としてくれます。中国から見れば「外国人に工場を建ててもらって、自動的に産業を発展させてもらう」ということです。

これは、欧米諸国や日本の経済発展の方法とはまったく異なります。

イギリス、アメリカ、ドイツ、日本などの中国以前の工業国は、自国の企業が起ち上がってくることで経済発展をしてきました。初期の段階で外国の支援を受けたこともありましたが、本当に国力をつけるときというのは、自国の企業が原動力になっていました。

たとえば、日本では、明治初期に外国の支援を仰いだり、一部、外国企業が進出したりもしていました。が、すぐに紡績会社などが国内で起ち上がっていき、工業国の仲間入りを果たしたのです。イギリス、アメリカ、ドイツなども同様で、自国の企業が成長するのと比例する形で、経済成長をしてきました。

しかし、中国の場合は、外国企業そのものが中国経済全体を引き上げてくれたのです。前ページの表のように、中国経済に占める外国企業の割合というのは非常に高いものがあります。

まあ、これだけであれば、「中国はうまくやったな」という程度の話で済みます。欧米の企業の方も、儲かったうえに税金を安くしてもらっているので、お互いさまということになります。

しかし、この話にはさらに先があるのです。

先進企業の技術情報が吸い取られる

中国版タックスヘイブンの一番恐ろしい罠というのは、進出した企業の技術情報が吸い取られるということです。

中国が改革開放政策を講じ始めた当初、外資には資本の制限がありました。自動車などの機械製造分野では、外資の資本割合は50％を超えてはならない、ということになっていました（現在はこの資本割合の制限はかなり緩和されましたが、重要な産業においてはある程度残っています）。

そのため、日本のメーカーが中国に進出するときには、資本１００％の子会社をつくることはできず、中国側と合弁企業をつくるしかありませんでした。

だから中国に進出した日本の自動車メーカー、電器メーカーは、ことごとく中国との合弁会社をつくっています。

これが後年、大きな仇《あだ》となるのです。

たとえば日本の家電メーカーが中国に進出したのは、１９７０年代の後半です。

１９７８年、中国の実力者の鄧小平《とうしょうへい》が、日本を訪れた際、大阪のパナソニックの工場を視察しました。案内役の松下幸之助に、鄧小平は「中国の近代化を手伝ってくれませんか」と言ったそうです。松下幸之助は「できる限りのことをします」と約束し、翌年には北京駐在所を設置しました。

パナソニックは１９８７年に、北京にブラウン管製造の合弁会社をつくりました。これが日本企業としては戦後初めての中国工場となったのです。

もちろん、松下幸之助としては、「安い労働力の供給源」としての中国に大きな魅力を感じていたはずです。そして、中国がいずれは大きな家電の市場になることも見越していたでしょう。

しかし松下幸之助が見落としていた点があります。

それは、中国が下請け工場だけにとどまらず、自ら企業を起ち上げ、日本の家電メーカーを脅かす存在になるということです。しかも20年という非常に短期間で、です。

日本の企業が海外に進出するということは、日本の技術が海外に流出するということになります。企業がどれほど技術の流出防止に努めたとしても、外国に合弁会社までつくり、工場設備を建ててしまえば技術流出を止められるはずがありません。

そして進出先の国では、当然、技術力が上がります。日本人が長年努力してつくり上げてきた技術が、日本企業の海外進出によって簡単に外国に提供されてしまうのです。

中国の企業が急激に発展したのは、このことが大きな要因なのです。

改革開放からわずか20年後に、中国には日本企業の強力な競争相手となる企業が起ち上がってきました。

しかも現在に至っては、あの東芝が中国企業に買収されてしまうほどになったのです。

美的集団に技術を提供し続けた東芝

2016年、日本経済を震撼《しんかん》させる出来事がありました。

東芝の白モノ家電分野の会社「東芝ライフスタイル」を、中国の大手家電メーカー「美的集団」が買収したのです。

ご存知のように、東芝は日本を代表する家電メーカーです。そして、東芝の白モノ家電というと、かつては一世を風靡《ふうび》した東芝の主力商品でした。その主力商品分野を、中国のメーカーに買収されてしまったわけです。

多くの日本人に、中国経済の脅威をひしひしと感じさせたはずです。

美的集団は、1968年に広東省順徳の住民23人によってつくられた「北湾街道プラスチック生産チーム」が発祥です。当初は、小さなプラスチック工場にすぎませんでした。

1980年に、扇風機の試作が成功したことで家電に参入します。1981年には「美的〈ミデア〉」を商標登録しました。1985年から、エアコン、炊飯器、冷蔵庫等の生産も開始し、1992年には株式会社化しました。1993年には深圳株式市場に上場もしています。

80年代の年平均成長率は60%、90年代も50%という驚異的な成長を遂げていました。

美的集団の発祥の地である広東省順徳は、改革開放政策の象徴的な地域でした。90年代以降、日本や欧米の企業が相次いで工場を建設したのです。東芝、三洋電機、パナソニックなどもこの地に工場を建設しています。美的集団などの広東省順徳の中国メーカーは、日本、欧米の下請け工場として、急成長を遂げたのです。

しかも東芝と美的集団は、以前から深い結び付きがありました。

東芝は、1993年に美的集団と業務提携を開始しました。業務提携といっても、当時の東芝と美的集団では、大人と赤ん坊ほどの違いがあり（もちろん東芝が大人です）、事実上、東芝が中国に進出するための窓口として、美的集団を使っていたのです。美的集団の主力商品である炊飯器は、このときに東芝からマイコン技術を導入しています。

また東芝は90年代初頭に、広東省順徳の「萬家楽」という中国企業と、エアコン・コンプレッサー製造の合弁会社をつくっていました。この合弁会社が失敗し、1997年、順徳の自治体政府が仲介し、「萬家楽」の持ち株を「美的集団」に買収させたのです。

そのため、東芝と美的集団は、エアコン・コンプレッサー製造を共同で行うことになり、合弁会社の名前も「美芝」とされました。この美芝の経営は大成功を収め、美的集団は一躍エアコンの世界有数のメーカーとなったのです。

東芝は、いわば美的集団の飛躍の立役者ということになります。

もちろん、東芝としては、美的集団を中国進出の足掛かりとしようという意図がありました。東芝と美的集団がつくった合弁会社は、東芝ブランドの家電製品を製造販売するというものでもあったのです。

当時、美的集団とその合弁会社は、事実上、東芝の中国での下請け企業だったのです。

が、美的集団は、東芝との業務提携により、急速に発展し、中国有数の家電メーカーに成長しました。

そして、中国という大市場を制することにより、莫大な資本力を手にしたのです。

現在、美的集団は、発祥の地である順徳をはじめ、広州中山、重慶、江蘇など中国各地に、生産拠点を展開しています。美的集団の家電製品は中国国内だけでなく、

200を超える国・地域に輸出され、世界有数の家電メーカーに成長しています。

そして前述のように2016年には、東芝の白モノ家電事業である「東芝ライフスタイル」を傘下に収めるまでになったのです。

東芝は、税金の安さと人件費軽減などのために、安易に中国に進出しましたが、その結果、中国企業を巨大化させ、強大なライバルをつくったのです。しかも、最後にはそのライバルに食われてしまったのです。

また東芝だけでなく、三洋電機の白モノ分野も中国のハイアールに買収されています。

現在も中国は、外国企業に対して優遇的な税制を敷いています。最先端技術の分野の外国企業については、税制の優遇措置があるのです。

中国の法人税率は約30%ですが、この外国企業優遇措置を使えば、10%程度に抑えることができるのです。先進国の現在の法人税率は低いところでも20%程度ですので、中国はそれの半分程度で済むわけです。しかも、まだまだ中国の人件費は安いのです。

だから、欧米の企業が、中国で会社をつくり製品をつくって輸出をし、中国で税金を払えば、非常に大きな儲けとなります。

しかし、それで安易に中国に工場を移したりすると、あとでとんでもないしっぺ返しを食うのです。

中国人女優の巨額脱税

2018年10月、中国の有名女優の范冰冰《ファンビンビン》さんが巨額の脱税をしたとして、大きなニュースになりました。

范冰冰さんは、日本や香港、韓国などの映画にも出演していました。近年はハリウッドにも進出し、2014年には「X-MEN：フューチャー&パスト」に出演。アメリカの『フォーブス』誌が発表した2015年世界女優収入ランキングでは、年2100万ドル（約23億5000万円）で4位となっていました。

しかし、2018年5月、CCTV（国営中央テレビ）の元キャスターである崔永元《ツェイヨンユエン》氏が中国版ツイッター「微博《ウェイボー》」で范さんの脱税疑惑を指摘しました。「大爆撃」という日中戦争を描いた新作映画に関して、正規の出演契約書以外に裏の契約書をつくり、正規の契約書の5倍の出演料を受け取っていたとのことでした。その契約書の写真が「微博」で公開されたのです。

これを見て中国の税務当局も動き出し、翌6月初旬から3か月にわたって范さんのSNSの更新が止まり、「消息不明」ということで騒ぎになっていました。

ネットでは、「海外逃亡したのではないか?」「税務当局の取り調べを受けているのではないか?」と噂《うわさ》されましたが、結局、税務当局の取り調べを受けていたわけです。

その結果、追徴課税や罰金など総額8億8400万元（約146億円）の支払いを命じられたのです。所得税など730万元（約1億2000万円）の支払いを逃れ、さらに彼女が代表を務める企業に2億4800万元の税金未払いが判明し、うち1億3400万元が意図的な脱税と認定されたのです。

「微博」で指摘された新作映画のギャラ自体に関する脱税額は1億2000万円くらいだったのですが、他の部分の脱税が恐ろしく巨額でした。おそらく、中国税務当局は「微博」での告発を受けて洗いざらい范さんの収入を調べ直したのでしょう。その結果、総額8億8400万元という巨大な追徴税額となったわけです。

范さんも、この莫大な収入をただ隠していたわけではなく、当初は政治家などとのコネクションに使うことで、税務当局から見逃されていたものと思われます。これだけの巨額な資産が、普通に見逃されるというのは考えにくいところですので。

が、近年、中国は富裕層の脱税について社会的な批判が厳しくなっており、また范さんの場合は、ネットで証拠写真まで公開されていましたので、本腰を入れて調査せざるを得なかったのでしょう。

まあ、ここまでは、国際的な女優の巨額脱税事件という話なのですが、今の中国の場合、ここで話は終わらないのです。

このとき、中国の税務当局は、映画業界に対し「年末までに自ら申告漏れを届け出た場合は行政罰を免除する」と通告しています。つまりは、映画業界で脱税が横行しているということは、中国国内では半ば公然のことだったのです。

しかも、芸能関係者の中には、巧みな逃税方法を用いている者もいるようなのです。

范冰冰さんのケースのような二重契約書をつくっている場合は、当然、明白に黒ということですが、中には白黒がはっきりしないような方法で税金を逃れている芸能関係者も多数いるようなのです。

「一帯一路」のためのタックスヘイブン

現在中国は、「一帯一路」という世界的な規模の経済プロジェクトを推し進めています。

ご存知の方も多いかと思いますが「一帯一路」構想とは、中国西部から中央アジア、ヨーロッパにつながる地域を「シルクロード経済ベルト」と位置づけ、ここに大規模なインフラ整備を行い、巨大な物流、生産地域にしようというものです。

アジアやヨーロッパの経済活性化につながるとして、世界中から注目されています。

そして、この一帯一路構想の財政面を支えるものとして、中国はＡＩＩＢ（アジアインフラ投資銀行）をつくりました。ＡＩＩＢは、１０００億ドルを出資金として集め、それをアジアやヨーロッパ各地の開発に投資するという目的を持っています。

ＡＩＩＢは、中国版マーシャル・プランとも呼ばれています。

中国は出資金のうち、30％程度を負担します。もちろん、それは、出資国の中では最大です。

つまりは、ＡＩＩＢは、「中国が金を出し、その金を開発投資に使おう」という趣旨を持っているのです。ほかの国から見れば、中国の出した金を安く借りて開発に使える機会が生じるわけです。だから、世界中の国がこぞって参加しています。

イギリスはいち早く参加を表明し、ドイツ、フランスなどの西欧諸国も次々に加盟し、韓国、オーストラリアも参加しています。

日本とアメリカは、このＡＩＩＢに今のところ参加を見送っています。

アジア地域においては、日本とアメリカがこれまで長く、インフラ投資支援などを行ってきました。ＡＩＩＢと同じような趣旨を持つアジア開発銀行は、半世紀以上前の1966年に設立されています。出資比率は日本が15・7%で筆頭であり、アメリカが第2位の15・6%です。

このアジア開発銀行は、アジアのインフラ投資にこれまで随分貢献してきたという自負もあり、日本とアメリカは今更、中国が中心となる開発銀行に、参加をしたくないということです。

一方、中国としては、日本主導ではない、中国主導のアジア開発銀行をつくりたい、と考えたのでしょう。

もちろん中国としては、一帯一路構想は絶対に成功させなければならないわけです。

だから、世界の国々の参加を促すことはもちろんですが、中国の民間の資本も一帯一路に集中させなければなりません。

そこで中国は「一帯一路」の最前線の地域に、非常に税金が安くて条件もいいタックスヘイブンをつくったのです。

一帯一路地域のタックスヘイブンの代表的なところが、新疆《しんきょう》ウイグル自治区イリ・カザフ自治州にあるコルガスという都市です。

コルガスは、中国と中央アジアを結ぶ交通の要衝です。まさに一帯一路構想のど真ん中にあるのです。

このコルガスは、中国の民間企業や富裕層にとっては最強のタックスヘイブンとなっているのです。コルガスでは5年間は法人税が免除され、その後の5年間も法人税負担が半額になります。また個人の所得税は、なんとゼロなのです。

中国政府としては、民間企業や富裕層をここに集め、資金を集中投下させたいという狙いを持っているわけです。

しかもこのコルガスは、タックスヘイブンとして異常に緩いのです。

昨今の世界的なタックスヘイブン税制では、タックスヘイブンに会社の登記をしても、その地に会社の実体がなければ無効になるという国際ルールがあります。が、中国のこのコルガスは、コルガスに会社の実体があるかどうかは問われず、コルガスで営業をしなければならないという義務もありません。登記をするだけでいいのです。

だから、中国の民間企業がこぞって、この地に登記を移すようになったのです。コルガスの税務当局によると、2016年の一年間で、2411社がコルガスで法人登記をしたそうです。

また住所地をコルガスに移している富裕層も数多くいるとみられています。

映画産業の富裕層たちも、この一帯一路地域のタックスヘイブンを利用しているケースが多いとみられています。

中国エリートたちの資産隠し

また中国の高官たちは、自国のタックスヘイブンを使うのではなく、国際的な「本当のタックスヘイブン」を使って税を逃れているようです。

パナマ文書でも、中国共産党の要人たちが、こぞってタックスヘイブンを利用していたことが明らかになりました。

国家主席である習近平の義兄の娘が設立した会社の名前もあったのです。

この習近平の義兄の娘が設立した会社は、香港で高級マンションの一室を所有していました。そのマンションは、2007年に2000万香港ドル（日本円で約3億円）で購入されていたのです。この資金の出どころや、会社の利益がどうなっているかなど、不審な点は多々あります。習近平関係の利権が絡んでいるのではないか、というのは当然疑われるところです。

習近平は、「汚職追放」を強く主張してきていたので、中国国民の反発もかなり大きいものがありました。が、中国政府は、非常に中国らしいやり方で、その反発を防ごうとしています。中国では、パナマ文書に対して厳しい情報統制が敷かれており、ネットでは「パナマ文書」関係の文言は検索できないようになっているのです。

習近平のほかにも、第一副首相の張高麗《ジャンカオリー》、政治局常務委員の劉雲山《リュウユンシャン》らも、親族がタックスヘイブンに会社を持つなどしていたことが発覚しています。

また引退した江沢民など共産党の旧幹部たちの名前も見えます。

共産党のエリートや、中国人の富裕層にとって、タックスヘイブンを利用することは、日常化しているとみられます。パナマの法律事務所モサック・フォンセカの最大の顧客は中国であり、実に顧客の3分の1は、中国、香港の居住者だったのです。

中国は、現在、世界第2位の経済大国なので、タックスヘイブンを利用する富裕層が増えたという見方もできます。

しかし、それにしても、中国人のタックスヘイブン利用は多すぎます。

中国人のタックスヘイブンの利用が多いというのは、なぜでしょうか？

おそらく、中国人の富裕層は、日本人以上に資産保持の観念が強いのだと思われます。

中国の政情は、まだまだ不安定です。だから、富裕層はなるべくお金を安全な場所に置いておきたいということだと考えられるのです。

中国経済は、一応自由化したとはいえ、未だに共産主義の看板を掲げています。過去には、文化大革命という富裕層が大ダメージを受けた出来事もありました。現在の中国人の多くは、文化大革命で、身内の誰かを失ったり捕縛された経験を持っています。

「今、持っている資産をなるべく隠しておきたい」

そういう中国人富裕層にとって、タックスヘイブンは格好の隠し場所になのです。

第15章　ＧＡＦＡの逃税スキーム

スターバックスのイギリスでの逃税

前述したように、イギリスは世界中にタックスヘイブン網を構築し、富裕層や大企業の税金逃れを手助けしてきました。

しかし、そのスキームは、イギリス自身にも向けられるようになります。

たとえば、近年、世界的なコーヒーショップチェーンのスターバックスが、イギリスでほとんど税金を払っていなかったことが問題となりました。

スターバックスは、イギリスに700店舗以上を出していますが、過去15年、イギリスで税金を払っていなかったのです。そのためイギリスの上院決算委員会の聴聞会に呼ばれ、追及を受けました。

スターバックスの税金逃れの手口は、「移転価格」と呼ばれるものでした。

コーヒー豆をまずスイスの子会社に輸入させ、それをイギリスの子会社が買い取るというシステムにしていたのです。

イギリス・スターバックスの豆の買い取り価格は、高く設定されていました。税金の高いイギリスでは利益が出ないようにし、税金がイギリスの約半分のスイスの子会社に利益が出るようにしていたのです。

また税金が非常に安いオランダに、スターバックスの知的所有権を管理する会社を置き、イギリス・スターバックスなどから高額のロイヤリティーを払わせていました。

つまり、スターバックス・グループ全体の収益を、税金の安いオランダに集中するような仕組みをつくっていたのです。

スターバックスは、イギリス議会での追及により、年間２０００万ポンドの税金を払うことを了承しました。それでも、わずか30億円程度です。イギリス全土に７００店舗以上も持ち、年間５００億円もの売上がある外食産業最大手としては、あまりに低い税金だといえます。

しかもこれは、スターバックスだけではありません。

イギリスでの税金を逃れていた国際企業グループは、枚挙に遑《いとま》がないほどです。

たとえばアップルは２０１１年、イギリスで67億ポンドを売り上げ、22億ポンドの利益がありました。そのため、本来ならば、5億7000万ポンドの税金を納めなければならないのですが、1440万ポンドしか払っていなかったのです。

アマゾンは、2006年にヨーロッパ本社をロンドンからルクセンブルクに移しています。そのため、2010年から2011年までの2年間、イギリスで税金を払っておらず、税務当局の調査を受けていました。

フェイスブックは、イギリスでの収入が1億7500万ポンドあったのに、法人税はわずかに23万8000ポンドにすぎませんでした。本来、1億7500万ポンドに対しては2100万ポンド程度の税金が課せられるはずなのに、です。フェイスブックも、スターバックスと似たような手法を使って、アイルランドに子会社をつくり、そこに利益を移転させていたのです。

グーグルは、イギリス領のバミューダ諸島を利用することにより、本来は2億2400万ポンドかかるはずの税金を600万ポンドで済ませていました。

このように、イギリスのつくったタックスヘイブンというモンスターは、イギリスをも襲うことになったのです。

アップルの逃税スキーム

最近「ＧＡＦＡ《ガーファ》」という言葉を盛んに耳にします。

書籍などでも盛んに取り上げられるので、ご存知の方も多いはずです。

ＧＡＦＡというのは、グーグル、アップル、フェイスブック、アマゾンのことです。この4つの企業は、ＰＣインターネット関連で急成長し、世界規模のビジネスを行っているアメリカの企業です。これらの企業は、タックスヘイブンをうまく使った逃税をしていることでも知られています。

その代表的なケースを、アップルに見ることができます。

アップルの逃税スキームは、非常に巧妙なものでした。

アメリカには、コストシェアリングという制度があり、アメリカの会社と外国の会社が、無形資産を共同開発した場合、アメリカでの権利はアメリカの会社が、アメリカ外での権利は外国の会社が使用できることになっています。

アップルはこの制度を利用し、アイルランドの子会社にアップルの研究開発費を負担させました。そうすることによって、「共同開発」という体裁をつくったのです。
研究開発はすべてアメリカで行っているにもかかわらず、アイルランドの子会社が費用を負担しているということで、「共同開発」ということになったのです。これにより、アメリカ外でのアップルの使用料は、アイルランドの子会社がすべて受け取れることになったのです。

アイルランドの法人税率は15%であり、アメリカは21%です。2004年には、アップルは世界売上の3分の1以上を、アイルランドの子会社に集中させていました。

またアップルは、アイルランドの子会社を2つ持っており、そのうちの1つは、本籍をヴァージン諸島に置いています。

アイルランドの税法では、アイルランドで設立された会社であっても、居住地が外国にある場合は、その外国で課税されるということになっています。そのため、アイルランドの子会社のうちの1つは、ヴァージン諸島で課税されることになるのです。

ヴァージン諸島は、タックスヘイブンであり法人税はかかりません。アップルは、このヴァージン諸島に置いている会社に、グループの利益の大半を集中させました。その結果、アップルは、グループ全体の税負担率を９・８％にまで下げることができたのです。

アイルランドは先進国の中では非常に税法が緩い国です。そのため、アップルは、アイルランドを噛《か》ませることで、タックスヘイブンを使うことができたのです。アップルが、直接、タックスヘイブンに利益を集中させようとしても、アメリカの税法が許しません。しかし、アイルランドを経由することで、アメリカのタックスヘイブン対策をかわすことができたのです。

しかも、アップルは、２つのアイルランドの子会社の間に、オランダの子会社を挟ませています。これにより、アメリカの税務当局の追及を完全にかわすことができたのです。

このアップルの手法は、「ダブルアイリッシュ・ウィズ・ア・ダッチサンドウィッチ」と呼ばれています。

「2つのアイルランドでオランダをサンドウィッチする」

という意味です。

この手法は、IT企業の逃税スキームのモデルケースとなり、ほかのアメリカのIT企業も続々と真似をするようになりました。

アップルは、このスキームにより、アメリカでの税金を約24億ドル免れたとされています。24億ドルということは、日本円にして約2600億円です。

なぜアマゾンは日本で法人税を払っていないのか?

GAFAの一つ、アマゾンも非常に強烈な逃税をしています。

実はアマゾンは日本の税務当局と激しくバトルをしたことがあるのです。

2009年、東京国税局は、アマゾンに対して140億円前後の追徴課税処分を行いました。東京国税局は、日本で法人税を払っていないアマゾンに対して、「日本国内での販売収益に関しては、日本の法人税を払うべき」と指摘したのです。

このニュースが報じられたとき、

「アマゾンは日本で税金を払っていなかったのか」

と世間で騒がれました。外国企業であっても、日本で商売をし日本で収益を上げている会社は、原則として、日本で法人税を払わなくてはなりません。

なのに、アマゾンはなぜ日本で法人税を払っていなかったのでしょうか？

簡単にいうと、次のようなことです。

日本での販売業務は、アマゾンの日本子会社である「アマゾン・ジャパン」と「アマゾンジャパン・ロジスティクス」が主に行っています。アマゾン・ジャパンとアマゾンジャパン・ロジスティクスは、アマゾン本社から販売業務を委託されているという形になっていますが、システム的に会社の利益のほとんどがアメリカ本社に吸い上げられる形になっており、日本ではほとんど利益が残らないのです。

そのため、アマゾン・グループは日本で法人税を払わなくなっているのです。

それに対し、日本の国税当局は、アマゾン本社が日本から得ている収益は本来、日本で納税すべきとして、課税に踏み切ったのです。

しかしアマゾンのアメリカ本社はアメリカで納税しており、「日本で納税すれば二重課税になる」として、日本の国税当局に異議を唱えました。

そして「日米の二国間協議」を申請したのです。要は、「アメリカ本国の税法に従って納税しているので、文句があるならアメリカ政府に言え」ということです。

それで、実際に日本とアメリカの二国間協議になったのです。

その結果、どうなったのか、というと……日本が全面的に譲歩する形になったのです。

日米租税条約という不平等条約

「日本で商売をして儲かった金は、日本で税金を払うべき」

というのは、普通に考えれば当たり前の話です。

日本企業が、アメリカで商売をして儲かった場合はアメリカで納税しています。

にもかかわらず、なぜこういう不公平なことがまかり通ったのでしょうか?

実は、国際間の税金ではこういうことは、よくあることなのです。

他国籍企業やグローバルで収入がある人の税金については、関係各国で結ばれた

「租税条約」に基づいて課税されることになっています。「租税条約」というのは、表面上は、お互いの国が平等にできています。

しかし、細かい実務の運用となると、両国間での協議となります。そして、両国間の協議では、その国同士の力関係が大きくモノをいうのです。

たとえば、日本のプロ野球に来る助っ人のアメリカ人は、日本で所得税を払うことはほとんどありません。が、日本人選手が大リーグに行った場合は、アメリカで所得税を払っていることがほとんどなのです。日本とアメリカの外交関係は、表向きは平等になっています。しかし、実務運用面となると、アメリカ有利になることが多々あるのです。

日本とアメリカとの関係は、今でも実質的には「不平等条約」なのです。

アマゾンは、現在、先進国を中心に、世界中でビジネスを行っています。そして、アマゾンもスターバックスなどと同様にタックスヘイブンをうまく活用して、大幅な節税を行っています。

アマゾンは、子会社を税金の安いタックスヘイブンに置き、グループ全体の利益をそこに集中させて、節税をしているのです。クレジットの決済機能をアイルランドのダブリンに置いたり、ヨーロッパでのビジネスの利益はルクセンブルクに集中するようになっています。アイルランドもルクセンブルクも、タックスヘイブンであり、特にルクセンブルクは、アマゾンに対してはさらなる税優遇措置を講じています。

もちろん、これは世界中から非難を浴びています。

が、アマゾンは、グループ全体の納税額の半分をアメリカで納めています。

2013年を例に取ると、アマゾンは全世界で300億円程度の税金を納め、その約半分はアメリカに納めています。

実は、ここがミソなのです。

アメリカにもっとも多くの税金を納めることで、アマゾンはアメリカの税務当局の心証をよくしているのです。そのため、アマゾンがほかの国と課税問題でもめたときには、「文句があるならアメリカ政府に言え」ということができるのです。アメリカの税務当局は、アマゾンがほかの諸国で税金を払うよりは、自国で税金を払ってもらいたいと思うわけです。結果、アメリカの税務当局がアマゾンの後ろ盾になる形で、アマゾンのグローバル節税が可能になっているのです。

アマゾンと欧州諸国との攻防

もちろん、アマゾンのこのようなグローバル節税に対して、世界各国も黙っているわけではありません。

ＥＵ（欧州連合）は「アマゾンはルクセンブルクで不当に税を逃れている」と断定し、ルクセンブルク政府に対して追徴課税をするように指示しました。またイギリスでも、アマゾンやグーグルなどのアメリカ系グローバル企業の税逃れを防ぐ法案をつくりました。

また２０１８年には、Ｇ20が協力してネット通販企業の逃税を防ぐ方策が検討され始めました。Ｇ20も、さすがに今のままアマゾンに荒稼ぎされてはたまらないということで、各国が協調して対応に乗り出したということです。

ただアメリカ政府が、Ｇ20の発議を素直に受け入れるかどうかは、疑問の残るところです。

ところで、アマゾンに関しては、トランプ前大統領もたびたび非難していました。

2018年3月29日にも、トランプ前大統領は、「アマゾンは税金を払っていない」として、アマゾンへの課税を強化すると発表しました。

アマゾンは、一応、アメリカで税金を払っているのですが、収益のほとんどをタックスヘイブンに移すなどしているため、アメリカで支払っている税金はわずか200億円程度なのです。全世界での年間売上が10兆円を超えているにしては、あまりに納税額が少なすぎます。アメリカとしても、アマゾンにもっと税金を払ってほしいわけです。

ただ、アメリカは、世界中の国々がこぞってアマゾンから税金を取り立てることは、よしとしていないわけで、G20の試みには賛同しない可能性が高いのです。

またアマゾンのCEOのジェフ・ベゾスは、1120億ドル（日本円で約12兆円）を持つ世界有数の資産家となっています。そして、2013年にワシントン・ポスト社も買収しており、アメリカの世論への影響力も持っています。

アマゾンのサービスは、確かに非常に便利です。またビジネス的に優れている面も多々あると思われます。しかし運送業者や参加業者に強い圧力をかけたりするなど、決して手放しで「良心的な企業」であると褒めることはできません。このままアマゾンが、税金も払わず膨張し続けることは、決して世界経済にとって好ましいこととは思えません。

どうにかして、アメリカもＧ20諸国も歩調を合わせて、アマゾンをまっとうな状態にしてほしいものです。

グーグルの逃税スキーム

ＧＡＦＡの一つ、グーグルもその逃税スキームにより、日本の税務当局から追徴課税をくらったことがあります。

２０１９年に東京国税局が「グーグル合同会社」に対して税務調査を行い、２０１５年度の税務申告で約35億円の申告漏れを指摘したのです。グーグル合同会社というのは、グーグルの日本子会社のことです。

追徴税額は過少申告加算税を含め約10億円でした。「グーグル合同会社」は、この指摘に応じて追徴税を支払いました。

グーグルの課税逃れのスキームは、税金が極端に安いシンガポールに本部を置き、そこに世界中の子会社の利益を集中させて、グループ全体の節税を図るというものです。

もちろん、日本の税務当局としては、グーグルの日本法人の利益がシンガポールの本部に不当に吸い上げられることを見過ごすわけにはいきません。

日本の税法では、多国籍企業の各国の支店間の取引について価格に不自然な高低があれば是正できる、ということになっています。たとえば、日本の子会社が、シンガポールの親会社に対して、実質的には何の仕事もしていないのに、コンサルタント料などの名目で多額のお金を振り込んだような場合、税務当局は、その取引を是正することができるということです。

この税法に基づいて、東京国税局は課税漏れの指摘をしたのです。

が、この問題には、それ以外に大きなポイントがあります。

グーグルやフェイスブックなどは、モノやサービス自体を売るのではなく、サービスの基盤を提供する業種であり、「プラットフォーマー」といわれています。

ＧＡＦＡのうち、特にグーグルとフェイスブックは、自分自身でモノを売るのではなく、データを駆使し、広告事業、販売事業の手助けをするという業務を行っています。

たとえば、グーグルの主な収入源は広告です。

が、従来の広告と違うのは、自社のつくった検索ページを通じて、検索ページを利用している人の嗜好《しこう》を反映させた広告を打つということです。これにより、広告の出稿者は、効果的な広告を打つことができるのです。

フェイスブックも同様に広告が主な収入源ですが、フェイスブックの利用者の嗜好を反映させた効果的な広告を打つことを大きな特徴としています。

こういうプラットフォーマーという事業者の場合は、税務当局にとっては、さらに難しい問題があります。というのも、こういう事業は、日本に子会社や事業所を置かずとも、やろうと思えばできます。たとえばアメリカにしか営業所を置かずに、各国の言語ができる人材をアメリカの営業所に置き、世界中の顧客の相手をするのです。顧客の方も、わざわざ事務所に出向いて広告の依頼をするのではなく、メールやテレビ電話などで済ませることができるので、労力が省けます。

ところが、日本の税法では、外国の会社に対して、日本の税金を課す条件として、「日本に子会社や事業所などが設置されていること」というのがあるのです。つまり、日本に子会社も事業所もなく、ただネット上だけで商売をしているのであれば、日本の税金は課せられないのです。

現在のグーグルの場合は、日本に法人があるから日本の税法の適用ができるものの、日本に法人や事務所を持たずに、ネット上だけでビジネスをしていれば、原則として日本の税法の適用は受けません。つまり、日本の会社が払った広告料などの収入に関して、日本の税金は課せられないのです。

実際に、そういう企業はたくさんあります。

海外のインターネット会社が、日本向けのプラットフォームを提供しているようなケースは多々見受けられます。そういう会社に、日本人が支払うサービス料、広告料などには、原則として日本の税金はかけられないのです。

「国内に子会社や事務所がなければ課税できない」というのは、日本だけでなく、多くの国の間で常識的な税制となっています。だから、日本以外の他国でも、この問題は生じているのです。

またＧＡＦＡは、いずれもアメリカの企業であり、アメリカ政府という後ろ盾もあるために、世界中の子会社があまり税金を払おうとしてこなかったという経緯もあります。アマゾン本社が、「日本に事業所は置いていない」と強弁し、税金を払っていなかったことは、前述したとおりです。

もちろん、ＧＡＦＡやプラットフォーマーたちのこういう姿勢に対して、世界各国も黙っているわけではなく、ヨーロッパ諸国と日本などが連携して対処しようという動きもあります。

今後、こういうプラットフォーマーと呼ばれる企業に対しての課税は、大きな国際問題となっていくと思われます。

あとがき

本書でたどってきたように、国が衰退するときというのは、税金が大きく関係しています。

富裕層や特権階級はうまく税を逃れ、そのしわよせが庶民に襲い掛かる、貧富の差が拡大し民の生活は苦しくなり国力が減退する、そして他国から侵攻されたり国が崩壊したりするのです。

世界史に登場する強国、大国が衰退するときというのは、だいたいそういうパターンをたどっています。つまりは、富裕層からきちんと税金を取れなくなったときに、国は滅びるのです。

その観点から今の世界、今の日本を見たとき、筆者は危惧を禁じえません。

現代の世界は、貧富の差という大きな課題を抱えています。

２０１９年の国際支援団体オックスファムの発表によると、世界の貧しい方の半分の人たちの富と、世界のお金持ち上位たった26人の富が、同じくらいだそうです。つまり、たった26人の富裕層が、世界の38億人分の富を独占しているということです。

日本の場合も、まったく同様のことが起きています。

この二十数年の日本では億万長者が激増している一方で、国民全体の収入は低下し深刻な格差社会が生じました。特に子供の貧困率は、ＯＥＣＤの平均よりもはるかに高く、34か国のうちから10番目という惨状となっています（２０１４年）。

そして、この格差化が日本社会に閉そく感をもたらしています。

この格差化の大きな要因が、税金政策にあるのです。

現在、日本の税収の柱となっている消費税は、実は不公平の塊なのです。

スペインが消費税で衰退したように、消費税というのは民力を奪う税金です。そして、格差を助長する税金でもあります。

消費税は、何かを消費したときにかかる税金です。

そして人は生きていく限り、消費をしなければなりません。そして貧乏人は貯蓄をする余裕がなく、収入のほとんどを消費してしまいますので、「収入に対する消費税」の比重が大きくなります。

たとえば、年収300万円の人は、300万円を全部消費に使うので、消費税を30万円払っていることになります。つまり貧乏人にとって消費税は、所得に10％課税されるのと同じことなのです。

しかし、1億円の収入がある人が、2500万円を消費に回し、残りの7500万円を金融資産に回したとします。この人は所得のうち四分の一しか消費に回していないので、所得に対する消費税率は2・5％で済むのです。

これを所得税に置き換えれば、どれだけ不公平なものかがわかるはずです。

もし、所得税で貧乏人は所得に対して10％、金持ちは2・5％しか税金が課せられない、となれば、国民は猛反発するはずです。しかし、実質的にはそれとまったく同じことをしているのが、消費税なのです。消費税は、間接的に取られる税金なので、税負担の実体が見えにくくなっていて、国民が誤魔化されているだけなのです。

その結果、日本は深刻な格差社会になってしまいました。

日本国民の「消費」は、消費税導入以降ずっと下がり続けています。総務省の「家計調査」によると2002年には一世帯あたりの家計消費は320万円を超えていましたが、現在は290万円ちょっとしかありません。先進国で家計消費が減っている国というのは、日本くらいしかないのです。これでは景気が低迷するのは当たり前です。

その一方で、日本の大企業や高額所得者たちは資産を激増させています。

日本企業はバブル崩壊以降に内部留保金を倍増させ500兆円を超えています。これはアメリカよりも大きく、もちろん断トツの世界一です。

また2021年の世界的金融グループのクレディ・スイスの発表によると、日本で100万ドル以上の資産を持っている人は約366万人でした。これはアメリカ、中国に次ぐ世界第三位です。そして日本は国民純資産額では、断トツの世界一なのですが、その大半は一部の富裕層が握っているのです。

思い起こしてください。格差社会といわれるようになったのは、消費税導入以降のことです。消費税導入以前、日本は「一億総中流社会」と言われ、格差が非常に少ない社会だったはずです。消費税だけが格差社会の原因だとは言いませんが、間違いなく大きな理由の一つではあるのです。

もし、このまま日本が消費税中心の税システムを続けるのであれば、日本は確実に衰退するでしょう。というより、現在の少子高齢化の進行を見れば、衰退していくのは間違いないことなのです。

今の日本は、早急に消費税中心の税システムを廃し、富裕層や大企業からきちんと税を徴収するシステムをつくらなければならないはずです。それは、歴史が強烈に示唆していることなのです。

最後に、宝島社の橋詰氏をはじめ本書の制作に尽力をいただいた方々に、この場をお借りして御礼を申し上げます。

2024年1月　著者

参考文献

『世界関税史』 朝倉弘教著 日本関税協会
『税金の西洋史』 チャールズ・アダムズ著 西崎毅訳 ライフリサーチ・プレス
『経済大国興亡史』 C・P・キンドルバーガー著 中島健二訳 岩波書店
『なぜ大国は衰退するのか』 グレン・ハバード、ティム・ケイン著 久保恵美子訳 日本経済新聞出版社
『図説 お金(マネー) の歴史全書』 ジョナサン・ウィリアムズ編 湯浅赳男訳 東洋書林
『金融の世界史』 板谷敏彦著 新潮社
『帳簿の世界史』 ジェイコブ・ソール著 村井章子訳 文藝春秋
『黄金の世界史』 増田義郎著 講談社
『図説 西洋経済史』 飯田隆著 日本経済評論社
『国富論 1〜4』 アダム・スミス著 大河内一男監訳 中央公論新社
『国富論 1〜4』 アダム・スミス著 水田洋監訳 杉山忠平訳 岩波書店
『図説 古代エジプト生活誌 上·下』 エヴジェン・ストロウハル著 内田杉彦訳 原書房
『モンゴルと大明帝国』 愛宕松男、寺田隆信著 講談社
『古代ユダヤ社会史』 H・G・キッペンベルク著 奥泉康弘、紺野馨訳 教文館
『ユダヤ移民のニューヨーク』 野村達朗著 山川出版社
『ロスチャイルド王国』 フレデリック・モートン著 高原富保訳 新潮社
『貨幣の中国古代史』 山田勝芳著 朝日新聞社
『中国古代の貨幣』 柿沼陽平著 吉川弘文館
『図説 中国の科学と文明』 ロバート・テンプル著 牛山輝代訳 河出書房新社
『中国銅銭の世界』 宮澤知之著 佛教大学通信教育部
『宋銭の世界』 伊原弘ほか著 勉誠出版
『オスマン帝国』 鈴木董著 講談社
『オスマン帝国500年の平和』 林佳世子著 講談社
『密造酒の歴史』 ケビン・R・コザー著 田口未和訳 原書房
『イギリス財政史研究』 隅田哲司著 ミネルヴァ書房
『ドイツ経済史』 H・モテック他著 大島隆雄他訳 大月書店
『ナチス経済とニューディール』 東京大学社会科学研究所編 東京大学出版会
『ナチス経済』 塚本健著 東京大学出版会
『西洋の支配とアジア』 K・M・パニッカル著 左久梓訳 藤原書店
『金融と帝国』 井上巽著 名古屋大学出版会
『米中経済と世界変動』 大森拓磨著 岩波書店
『海のイギリス史』 金澤周作編 昭和堂
『チャールズ一世の船舶税』 酒井重喜著 ミネルヴァ書房
『海域交流と政治権力の対応』 井上徹編 汲古書院
『中国人物叢書 朱元璋』 宮崎市定監修 谷口規矩雄著 人物往来社
『超巨人 明の太祖・朱元璋』 原作・呉晗 堺屋太一他訳 講談社
『ソ連崩壊1991』 石郷岡建著 書苑新社
『ソ連崩壊史』 上島武著 窓社

論文

「古代ギリシャと古代中国の貨幣経済と経済思想」 雨宮健著 日本銀行金融研究所
「十分の一税の確立とその展開」 関口武彦著 『山形大学紀要(社会科学)』第37巻第2号

執筆協力・武田知弘

宝島 SUGOI 文庫

脱税の世界史

（だつぜいのせかいし）

2024年2月20日　第1刷発行

著　者　大村大次郎

発行人　関川 誠

発行所　株式会社 宝島社

〒102-8388　東京都千代田区一番町25番地

電話：営業 03(3234)4621／編集 03(3239)0927

https://tkj.jp

印刷・製本　株式会社広済堂ネクスト

Printed in Japan

First published 2019 by Takarajimasha, Inc.

ISBN 978-4-299-05252-0